夠好的工作

你的工作不代表你，挑戰「夢想工作」的迷思
找回不以工作為中心的生活方式

The Good Enough Job:
Reclaiming Life from Work

西蒙・史托佐夫 作／陳珮榆 譯

Simone Stolzoff

獻給 我的父母

他們示範了不只有工作的生活方式

國際專家媒體熱推

直言不諱的風格讓他對美國企業文化進行了痛快淋漓的批判，工作狂們應該好好看看這本書　《出版者周刊》

如果你對工作在你生活中占據太多份量、以及占據了你太多身份感到困擾，那麼這本與衆不同的書是一個不錯的起點　《金融時報》

好極了！一本引人入勝且深入報導的書。他挑戰了工作是唯一的意義、自我價值或社群中心的觀點。這些眞實的故事令人充滿解放感，將工作重新放回應有的位置，將會獲得更豐富的生活也能更有效的工作　《人生4千個禮拜》奧利佛．柏克曼

這本書提出了這個引人入勝的觀點：規畫工作應以生活爲核心，而不是把生活擠進工作的空隙。這對工作過度和已然迷失了人性的領導者來說是一記警鐘！　《逆思維》亞當．格蘭特

一本令人著迷的讀物，其中故事既熟悉又驚人，絕對會挑戰你對工作的思考方式　《集體倦怠》安妮．海倫．彼得森

《夠好的工作》對於希望重新定義與工作的關係，將職業目標融入更快樂、更充實的生活中的人來說，是一本非常有幫助的指南　全球熱門線上課程Coursera「幸福的科學」耶魯大學心理學教授勞麗・桑托斯

西蒙・史托佐夫對現代追求或崇拜工作提出一個重要的修正，工作只是我們生活中的一個元素，不是我們的全部　《Deep Work深度工作力》卡爾・紐波特

一本全面、富有洞察力且極度必要的提醒，我們不等於我們在工作中做的事情。作者揭示了我們是如何輕易受到工作主義的影響，及我們應如何擺脫束縛　《我工作，我沒有不開心》莉茲・佛斯蓮

閱讀這本書，允許自己設計一個擁有夠好工作的美好生活　《做自己的生命設計師》比爾・柏內特

在華麗的報導、研究和文化評論的結合中，《夠好的工作》探討了工作如何佔據我們的身份，並提供一條恢復理智、人性的工作，與生活平衡的路徑。我狼吞虎咽地讀完，對我產生了積極的改變　《世界上的所有秘密》史蒂夫・阿蒙德

《夠好的工作》充滿關於現代工作文化的犀利分析，與尋求將自我價值與工作生產力分離的人們動人的故事。我驚訝地發現了自己，你也會的　《不朽之王拉奧》瓦欣尼・瓦拉

目錄

contents

010 前言 工作怎麼變得不只是一份工作？
028 第1章 價值所在 關於「我們的所爲，決定我們是誰」的迷思
050 第2章 崇拜工作 關於「把工作當成神」的迷思
072 第3章 熱愛工作 關於「夢想工作」的迷思
096 第4章 迷失自我 關於「工作等於價值」的迷思
120 第5章 工作關係 關於「把公司當家」的迷思
148 第6章 該下班了 關於「工作時數越長越好」的迷思

174 第7章 努力工作，早點回家 關於「辦公室福利」的迷思
196 第8章 地位遊戲 關於「地位等於成功」的迷思
220 第9章 工作更少的世界 關於「個人界限」的迷思
242 後記
250 致謝
256 附註

知足者富。——老子[1]

He who knows
he has enough is rich.

Lao-tzu

前言

INTRODUCTION

工作怎麼變得不只是一份工作？

How Work Became More than a Job

商人坐在小漁村的海灘上，看到一位漁夫帶著日常漁獲走向岸邊。魚的品質讓商人印象深刻，於是問漁夫花了多久時間捕到這些魚。

「喔，一下子而已。」漁夫回答。

「你怎麼不再多待一會兒，多捕些魚呢？」商人問道。

「因為我只需要這些。」

「那麼你平常都做些什麼？」

「早上睡到自然醒，捕幾條魚，陪孩子玩，和老婆小睡片刻，然後和我城裡的朋友喝點酒、彈吉他。」漁夫回答。

商人很震驚。他解釋說自己有工商管理碩士學位，如果漁夫願意聽從建議，他可以幫助漁夫拓展生意。「你可以買一艘更大的船，再用所得收益開一家自己的魚罐頭廠。」商人說。

「然後呢？」漁夫問。

「然後你可以搬到市區，開設一個配送中心。」

「然後呢？」

「然後你可以把生意擴展到國際市場，最後將公司上市。」商人說：「等到時機成熟，你可以出售股份，變得非常有錢！」

「然後呢？」

「那麼你就可以退休，搬到一個小漁村，睡到自然醒，捕幾條魚，陪孩子玩，和老婆小睡片刻，然後和城裡的兄弟們一起喝酒彈吉他。」

漁夫對商人笑了一下，繼續沿著海灘走去。

我喜歡這個小寓言。它是根據一九六三年一則德國短篇故事所改編，2後來經過翻譯廣泛流傳。但商人以工作爲中心的世界觀帶有一些美國特色，口號可能是「我生產，故我在」。

對美國人來說，「你是做什麼的？」通常是我們見到新朋友時會問的第一個問題。我記得有一次在旅館遇到智利人，我問他是做什麼的，他回說：「你是指工作嗎？」彷彿我剛才是問他銀行帳戶的餘額。當然，我們會做各式各樣的事情，但在美國，我們的賺錢方式等於我們是誰的縮寫，我們的生計已經成爲我們的生活。

當皮尤研究中心分析師[3]問美國人是什麼賦予他們人生意義時，[4]受訪者回答自己職業的機率幾乎是回答配偶的兩倍。工作是比信仰和朋友更重要的意義來源。另一項研究發現，百分之九十五的美國青少年，是青少年喔！他們將擁有一份自己喜歡的職業或工作列爲「成年後極其重要或非常重要的事」。[5]一份令人滿意的職業，比其他任何優先事項都重要，包含賺錢和幫助有需要的人。

然而，對工作的盲目崇拜並不是美國獨有的現象，在日益全球化的世界裡，忙碌無國界。美國的工作文化和管理體系就像大麥克漢堡和Levi's牛仔褲一樣，[6]都是文化出口品，在美國以外閱讀這些內容的各位都知道，美國人與工作關係的許多趨勢和例子，與其他國家工作者的經歷非常相似，尤其是高收入族群。

對於白領專業人士來說，工作已經變得類似於一種宗教認同：除了薪水外，還提供意義、社群和使命感。記者德瑞克・湯普森（Derek Thompson）將這種新現象稱爲「工作主義」（workism），[7]工作主義者從工作中尋求意義，就像信徒從他們的信仰中尋求意義一樣。根據湯普森的說法，廿世紀以來，工作已經從一種苦差事演變爲一種身分地位，再演變成一種自我實現的手段。看看我自己的家族史就能證實這個論點。

我的義大利外祖母並不期望工作能反映她的身分。外祖父去世後，她盡其所能照顧他們的五個孩子，她在義大利南部鞋跟區的一個小鎮開了一家咖啡店，在那裡工作了三十年。由於長期操作手拉式濃縮咖啡機，所以直到她去世，都有一隻手臂的二頭肌特別突出。她的身分很簡單明確，首先，她是一位有信仰的女性，然後也是一位外祖母、母親、姊妹、手工麵條製作者，她喜歡在咖啡店的工作，甚至熱愛她的工作，但工作無法定義她這個人。

我媽媽在義大利同一個小鎮長大，所有兄弟姐妹仍然住在那裡。如果按照既定人生道路，她會就讀當地的大學，在童年老家附近買間房子，然後每天下午一點左右和家裡其他人一起吃貓耳麵（orecchiette）。（在她的家鄉，店家和辦公室下午會關閉休息〔riposo〕，讓員工們有幾個小時去處理家務、用餐和休息等非工作要事。）

然而，後來我媽得到去羅馬念書的獎學金，並在瑞士的一個假日派對上認識了一位帥氣的美國人，最後移居舊金山。她攻讀心理學研究所學位，既是出於個人興趣，也是出於對經濟穩定的渴望。她也熱愛自己的工作，但基本上把工作當成實現目標的手段，她工作是爲了能從農夫市集買到原種番茄（heirloom tomatoes）、每年夏天飛回義大利、以及投資她兒子的教育。

我爸也是心理學家，可能是家裡最像工作主義者的人。記得有一次我問他最關心的慈善公益是什麼，他告訴我：「我把心理諮商服務視為一種慈善事業。」、「工作就是我回饋社會的方式。」只要還記得住病人的名字，他就希望自己一直工作下去。即使疫情封城期間，他也是一有時間就回到辦公室。

從我的家族史可以看出本書的一些核心主題：雖然工作主義一定也存在於其他地方，但在美國特別普遍；儘管工作主義也出現在特權較少的族群中，但在特權階層中尤爲常見；最後，工作主義是相對較新的現象，比起祖父母那一輩，我們這一輩比更加普遍。現代工作主義的意識形態，要求金錢和內心的滿足感這兩個明顯不同的目標要同時達成，儘管這兩個目標並非總是一致，我們卻越來越期待工作能同時滿足兩者。8

不過，我分享一些家庭背景，主要是讓你們對我有個大致的了解。我叫西蒙，也是工作主義者，或者最起碼是正在努力改變這點的工作主義者。在我的一生中，我一直想當記者、設計師、律師、外交官、詩人、以及舊金山巨人隊(San Francisco Giants)的游擊手。我的職業生涯一直在尋找本命職業(vocational soulmate),一個不僅能支付帳單,而且能夠反映出我獨特之處的工作。

然而,這本書並非回憶錄,雖然這個主題與我個人密切相關,但我想探討的是,爲什麼工作已經成爲不僅是我,還是許多人身分認同的核心。我訪問了一百多位工作者,從曼哈頓的企業律師到阿拉斯加的皮艇導遊,從哥本哈根的全職主夫主婦到加州的速食店員工,並挑選接下來各章節要介紹的九位人物。我選擇主要(但不僅限於)關注美國白領工作者故事,原因有二:

首先,美國正在經歷一種違背歷史和邏輯的全國性趨勢。自古以來,財富與人們的工作時間成反比,你擁有的財富越多,工作就越少,因爲你有錢能夠不用工作。但在過去半個世紀裡,高收入族群的工作時間增幅最大,[9]也就是說,那些有錢能讓他們不太需要工作的美國人,卻比以往更加忙碌。

其次,我選擇聚焦白領工作者,是因爲他們最有可能從工作中尋求意義與身分認同。世界各地的高收入族群都有這樣的現象,從瑞典到南韓,[10]比較富裕且教育程度高的成年人提到工作是意義來源的比例，大約是低收入者和沒有取得大學學位者的兩倍。高收入者在生活中不太會有其他意義來源，比方說有組織的宗教信仰，也是其中一個原因。

然而，儘管職業文化將工作視爲其他生活圍繞的中心，但世界上大多數的工作者並不是爲了自我實現而工作，他們是爲了生存才工作的。「那些熱愛自己工作的人，他們眞是有福氣啊！」在同一家巴基斯坦餐廳工作了十八年的廚師哈姆札・塔司基姆（Hamza Taskeem）告訴我：「我工作只是餬口飯吃。」

話雖這麼說，但在美國這個國家，工作主義「文化」帶來的影響，幾乎無人可倖免。無論階級如何，我接觸過的幾乎每一位工作者都提及，生活在這樣一個自我價值和工作緊密結合的國家中所承受的壓力。在這裡，資本主義不只是一種經濟制度，也是一種社會哲學，一種認爲一個人的價值等同於他的產量的哲學。在美國，生產力不僅是一個衡量標準，更是一種道德上的善。

要理解美國現今的工作主義，回顧一下我們怎麼走到這一步會有所幫助。兩百年前，幾乎沒有人有所謂的職業生涯，至少不是我們現在想像的那樣，把職業生涯理解成個人的發展與成長。以前美國人多半是農夫，他們的父母和祖父母也是，農夫的工作時間由太陽來定，而不是老闆或排班系統，工作強度也是隨著季節循環而變化：採收期繁忙，冬季相對閒暇。然而，工業革命將我們帶入一個生產力不再受季節和陽光限制的時代。到了十九世紀中期，工廠工人們經常每天工作十至十二個小時，一週工作六至七天。

雖然現今「朝九晚五」已經成爲工作日的代名詞，但現代標準規範，如每天工作八小時、每週工時四十小時、週休二日，並不是一直以來的常態，這些是有組織的勞工運動好不容易爭取得來的。「八小時工作、八小時休息、八小時留給自己」，這是一八八六年在芝加哥舉行的，首次五一勞動節抗議遊行的標語。雖然關於我們如何、何時以及爲何工作的慣例已經標準化，但這既不是自然的存在，也不是一成不變，以前談判過的慣例，以後也可能再次進行談判。

不那麼以工作爲中心的社會一直是美國人的夢想。經濟學家凱因斯（John Maynard Keynes）在他一九三〇年的文章《我們後代的經濟前景》（*Economic*

Possibilities for our Grandchildren）中有一個著名的預測：[11]到二〇三〇年，我們每週只需工作十五個小時。凱因斯認爲，廿一世紀最迫切的一個問題，將是我們如何運用閒暇時間。甚至在一九六五年，美國國會還舉行過一場長時間的聽證會，討論即將到來的每週二十小時工作制。[12]當時民選官員擔憂，到了二〇〇〇年，由於美國人的假期太多，國家基礎設施必須進行澈底檢修，以因應國民旅遊增加的情況。唉，可是週休五日和大量自由時間的願景還沒實現。

不過，廿世紀的大部分期間，工會的壓力和科技進步帶來的產能增加，實際上眞的縮短了一般美國人的工作時間。然而，到了廿世紀末，在我們已開發世界的其他國家繼續減少工作時數的同時，有些美國人的工作時數卻開始變得比以往更多。一九七五年，美國人和德國人的平均工作時數完全相同，[13]但到二〇二一年，美國人的工作時間增加了百分之三十以上。[14]

關於美國人爲什麼如此賣力工作的問題，可能有許多答案。其中包含經濟因素，停滯不漲的薪資，迫使許多工人必須做更多工作才買得起同樣的麵包。還有政治因素，在一九五〇年代，美國約有三分之一的工人加入工會，[15]到了二〇二一年，這個數字減少到十分之一，導致許多工人沒有集體談判機制來要求更好的工作條件。還有意識形態因素,畢竟,資本主義和新教工作道德(Protestant work ethic)*是組成我們國家DNA的兩股力量。

但在過去幾十年裡,美國也經歷了深刻的文化轉變,這種轉變放大了上述每一個因素的影響。越來越多人期望工作應該是個人實現和意義的來源,[16]這就是所謂美國新工作道德(work ethic)。

這種新道德觀改變了數百萬人與工作的關係。許多白領工作者開始將自己的工作視爲個人熱情與身分認同的反映,而不是予以概念化爲與不同角色、行業和階級的人一樣的勞動。正如社會學家傑米.麥卡倫(Jamie K. MacCallum)在他的書《過勞社會:日以繼夜的工作如何扼殺美國夢》(*Worked Over: How Round-the-Clock Work Is Killing the American Dream*)中寫道:「以前工作被認爲是苦差事,做越少越好;現在工作被賦予意義性,做越多越好。」[17]

* 新教工作道德(Protestant work ethic):一種基督教新教的社會和經濟概念,主張人類在世俗上獲得成功、擔負有益於社會的責任、勤奮工作,才能榮耀神。被認爲是現代資本主義的價值基礎。

《夠好的工作》(*The Good Enough Job*)這個書名是致敬「夠好就好」(good enough)的育兒觀念，這是英國精神分析師、小兒科醫生唐納・伍德・溫尼克特(Donald Woods Winnicott)於一九五〇年代提出的理論。溫尼克特注意到社會上養兒育女的方式越來越理想化，完美的父母會竭盡所能避免寶寶感到痛苦，如果寶寶表達任何負面感受，父母會覺得是自己的責任。

溫尼克特認爲，若父母採取足夠就好／夠好而非完美的方式來養育子女，對孩子和父母都有好處。有別於完美父母，「足夠就好／剛好就好」型父母不僅提供支持，也給孩子足夠的空間學會自我安撫。這樣一來，寶寶會培養出復原力，父母也不會因爲寶寶的情緒而迷失自己。

類似的理想化現象也發生在工作場合。見鬼，我此時正在 WeWork 共享辦公室寫下這段話，咖啡杯旁邊還印著「永遠做自己熱愛的事」。既然我們投入那麼多時間在工作上，那麼選擇做什麼工作，應該是我們最重要的決定之一，至少對於那些有選擇權的人來說。爲何不能像追求人生伴侶一樣，全力以赴追求事業呢？

簡言之，答案是因爲期望工作總能帶來滿足感可能導致痛苦。研究顯示，對工作的「強迫性熱情」（obsessive passion）會造成更高的倦怠率和工作相關的壓力。[18]研究人員亦發現，像日本這樣的國家，以工作爲中心的生活方式是導致生育率創新低的一個關鍵因素。[19]而對於美國的年輕人，對職業成功的過高期望可以解釋憂鬱與焦慮比例創新高的原因。[20]在世界各地，每年死於過勞相關症狀的人數比死於瘧疾的人數還多。[21]

撇開研究結果不談，我們憑直覺就能知道，過高的期望往往會帶來失望。當我們期望工作能夠幫助我們實現自我、持續激勵且滿足我們，結果若達不到這種完美期望時就會感到失敗。工作就像是寶寶，未必總是能在你的掌控之中，把自我價值感和職業綁在一起，後果可能不堪設想。

然而，解決辦法並非只要不在乎工作就沒關係。普通人一生中有三分之一的時間（約八萬個小時）都在工作，我們怎麼花用這些時間相當重要。那麼問題在於如何找到平衡，讓我們既能夠追求有意義的工作，又能避免工作佔據全部人生的風險。

針對這方面，我們可以再次借鑑溫尼克特醫生的智慧。與完美相比，「夠好」是一個更寬容的理想，這樣就不會美化工作所能提供的東西，也不會接受工作必須是無止盡的辛勞。「夠好就好」是一個邀請，讓你選擇以「足夠」來定義自己與工作的關係，而不是讓工作來定義你自己。

在大四那一年，我有機會採訪自己最喜愛的一位作家，名叫阿尼斯·莫吉尼（Anis Mojgani）的詩人。當時，莫吉尼正處於事業巔峰，剛在尬詩擂台大賽（National Poetry Slam）蟬聯冠軍。莫吉尼是我見過第一位能夠靠寫作和表演為生的人，他走訪世界各地，在大學校園裡演講，為音樂家做開場表演，他是我在事業上的偶像，堪稱詩歌界的搖滾巨星。我當年是二十二歲研究詩歌文學的學生，即將踏上未知的旅程，我深信莫吉尼會說出「追隨你的熱情」這句我以為我需要的鼓舞話語，但他沒有。

當我問莫吉尼是否認同「做你熱愛的工作，這輩子就沒有一天像是在工作」這句口號時，他說了一句讓我畢生難忘的話：「工作始終是工作。有些人工作是做自己喜歡的事，有些人工作是爲了下班後做自己喜歡的事。沒有哪一個比較高尚。」

最後那句話震撼了我。在那天之前，我一直以爲找到自己要做什麼工作是人生的終極使命。我曾把安妮．迪勒（Annie Dillard）的那句名言：「如何過一天，就如何過一生」，解讀成我選擇的工作不僅定義了我所做的事情，而且定義了我是誰。但我在事業上的偶像、一位職業詩人，卻告訴我在創作之外擁有一份正職工作也可以。

我最近才了解到，這句迪勒經常被引用的話，從來無意成爲奮鬥文化（hustle culture）的口號，也不是要爲無止盡追求夢想工作提供理由。事實上，如果你閱讀摘錄的其他段落，就會發現迪勒的觀點恰恰相反。她寫道：「我們此刻做的事，無論是這一小時還是那一小時，都是我們的所做所爲。精神生活需要的會越來越少；時間如此充裕，其流逝如此甜美。」[22]她的這番話是在呼籲我們專注當下，而不是追求升遷。

完全沉浸於工作的生活，會排擠掉我們自己的其他面向。用心理治療師埃絲特．沛瑞爾（Esther Perel）的話來說，太多人將自己最好的一面帶到工作中，把剩下的部分帶回家。[23]當我們將所有精力都投入到職場生活，等於是剝奪了我們內在其他身分的成長養分，這些身分包含配偶、父母、兄弟姊妹、鄰居、朋友、公民、藝術家、旅行者等。

就像投資者能從分散投資中獲益一樣，我們也能從多元化的身分和意義來源中獲益。意義不是被賦予的東西，而是我們創造出來的，如同任何創造行爲，意義需要時間和精力，我們投入非工作領域的時間，和付諸實踐的精力。

■

這本書的架構是這樣的，在每一章中，你會見到一位來自不同行業的工作者，比方說，米其林星級廚師、華爾街銀行家、住在Google停車場露營車上的軟體工程師等等。透過他們每個人的故事，我們將審視現代工作文化中普遍存在的迷思。從「這間公司就像一個大家庭」到「做你熱愛的工作，這輩子就沒有一天像是在工作」，職場上有許多格言在仔細檢驗後，都變得模糊而灰暗。

這本書與你可能讀過的其他職涯或商業書籍不同，其特點在於各章節主要是講述他人的故事。你找不到任何一頁寫著簡單三步驟，教你如何輕鬆將自我價值與工作分離，或者十個快速技巧，讓你不必爲了下次績效評估而寢不能寐。我的目標是讓你把這本書當作一面鏡子，而不是教科書，也就是說，我希望這本書能夠促使你審視自己與工作的關係，就像我寫這本書時一樣。透過採訪，我發現每個人的經歷都挑戰了我的假設，也幫助我定義工作在人生中扮演的角色，我希望對你也有相同的效果。

接下來的幾則故事，處於一個將工作視爲達成目標的手段、和將工作當成目標本身之間的緊張關係，如同歷史學家斯塔德·特克爾（Studs Terkel）所說的，尋找「日常意義與日常食糧」的掙扎。[24]定義我們與工作的關係是一個持續進行的過程，每當我們決定是否在辦公室多待一個小時，還是星期天是否查看電子郵件時，都會糾結這個問題。這本書並不是反對從工作中尋找滿足感的信條，也不是贊成把工作視爲必要之惡的論點，這是一本透過他人努力改變的故事，來教你如何讓工作關係更健康的指南。

發展更健康的工作關係，不是辭掉工作或重頭開始這麼簡單，並非每個人都有能力決定自己的上班時間或選擇自己的職業。然而，我們能控制的是自己對工作的期待，我們可以選擇讓生活優先於工作，而不是反過來。從一個簡單的認知開始：你所做的事，不代表你的全部。

第 1 章 *

價值所在

關於「我們的所爲，決定我們是誰」的迷思

For What It's Worth

On the myth that we are what we do

「充足不是比貧窮好一點，也不是比豐盈差一點。充足不是勉強足夠或綽綽有餘的衡量標準。充足與數量完全無關。充足是一種體驗，是我們創造出來的一種情境，一種宣言，一種明白一切夠用、我們也足夠的認知。」——布芮尼．布朗（Brené Brown）[25]

狄維亞．辛格（Divya Singh）坐在大學宿舍的房間，室友的男朋友說了一句改變她人生的話：「即使再努力，妳也不可能拿到頂級餐廳 The Restaurant 的實習機會。」當時狄維亞十九歲，是個就讀美國廚藝學校的印度裔學生，瀏海柔順光滑，左臉頰下方有個明顯的酒窩。她正在學習成爲營養師，夢想是替《*Bon Appétit*》或《*Saveur*》之類的時尚美食雜誌設計食譜，但那句話改變了一切。室友的男朋友柯迪（Cody）是一位體格壯碩、自信滿滿的美國中西部人，正在朝向高級餐飲之路邁進，即便還是學生，他也流露出男性廚師常有的自負態度。但他不知道，狄維亞是那種不能說她做不到的同學。

狄維亞與柯迪所就讀的廚藝學校每年都會有一名學生得到在頂級餐廳 The

＊作者註：本章節根據眞實事件所寫。爲保護相關人士的隱私，姓名和辨識特徵已更改。仲裁程序的引文摘錄自眞實筆錄。史蒂芬．費雪（Stephen Fischer）團隊拒絕對相關事件發表評論。

Restaurant的實習機會，普遍民衆認爲這是美國最好的餐廳之一。該餐廳不久前剛榮獲米其林三星，這是其知名主廚史蒂芬·費雪（Stephen Fischer）的另一項殊榮，他的家就與餐廳廚房毗鄰。

這份實習機會由曾在該餐廳工作的教職員蘭迪·加西亞（Randy Garcia）來評選，加西亞會評估學生的刀工技巧，並向他們工作過的地方徵求回饋，再與每位申請人進行面試。狄維亞以前從未待過高級餐廳，但自從將目標鎖定在The Restaurant之後，那個學年的晚上和週末，她都在廚房渡過。

到了年底，狄維亞和柯迪同時申請The Restaurant的實習機會，而她拿到了。加西亞告訴我，她是他推薦過的人選中準備最充分的學生，即使獲得實習機會，狄維亞仍繼續到加西亞的教室練習切洋蔥、胡蘿蔔和芹菜，爲即將到來的夏天做準備。

The Restaurant是精緻料理的寫照。這棟外觀質樸的石造建築，在十九、廿世紀之交是一間酒吧，後來在一九七〇年代轉型成餐廳。費雪改造廚房時向建築設計師說，他想要餐廳像羅浮宮一樣，融合歷史與現代。從天空藍的前門到掛在廚房江詩丹頓時鐘下方的「急迫感」(Sense of Urgency)標語，每項細節都有費雪的獨特風格。九道菜套餐每人要價三百五十美元。

大多數高級餐廳的廚房都按照所謂的旅團編制(brigade system)，該制度源自於十九世紀一位法國廚師，將歐洲軍隊廚房的階級制度運用到廚房中，後來被廣泛沿用，主廚下達命令，廚房其他工作人員都應忠實執行。父親是海軍陸戰隊隊員的費雪，在自己的所有餐廳也都實施旅團編制。身爲廚助(commis)，或稱初級廚師，狄維亞位於金字塔的底層，在她實習的頭六個月，所有事情一律「是，主廚」和「不是，主廚」。

狄維亞的日子就在忙著切龍蒿葉末和黃蘑菇丁中匆匆渡過，廚師們會例行檢查廚助的切法是否對稱，如果沒有達到他們的標準，食材就會被扔掉。在The Restaurant擔任廚師，就像在皮克斯(Pixar)當動畫師或維也納愛樂管弦樂團(Vienna Philharmonic)當大提琴手，能與頂尖人才共事令人陶醉，但工作也很累人。「你在那裡的時間相當於狗的年歲，在那裡每待一年，就少活了七年。」前總經理告訴我。

實習結束後，狄維亞受邀留下來，但她對單調的料理生產線不感興趣，想先回學校畢業再說。於是，她返校完成學業，並制定了一個計畫，想以自己的方式重返 The Restaurant。

二〇〇〇年代中期，分子料理（molecular gastronomy）曾風靡一時。狄維亞聽說一些歐洲餐廳有自家的研發廚房，利用食品科學與化學來開發新穎的烹調技術，而由於 The Restaurant 餐廳每天都在更換菜單，廚師們通常沒有時間嘗試創新前衛的作法，所以在廚藝學校的最後一年時間，狄維亞撰寫了自己的職位說明書，並於二十二歲那年接受 The Restaurant 的聘任，成為該餐廳破天荒第一位研發廚師。畢業幾個月後她又回到了 The Restaurant，實驗製作海水雪酪、把法式白醬變泡沫的方法。

身為研發廚師，狄維亞的職責之一是為有飲食限制的人開發新菜色。她花了幾個月的時間為 The Restaurant 店內招牌的西米露和韭蔥舒芙蕾，開發出不含乳製品的食譜。The Restaurant 的研發廚房設在與主餐廳分開的另一棟建築裡，但偶爾店內客人會要求見見為他們製作無奶美食背後的魔法師，有一次，一位七年沒吃過乳製品的女士，在狄維亞面前邊哭邊描述她咬了一口無奶布里乳酪的感覺。狄維亞知道自己走對了路。

狄維亞看見商機，她可以將在研發廚房學到的事物分享給家庭廚師。大部分的乳製替代品都需要家庭廚師大幅修改自己最愛的家傳食譜，而狄維亞的點子就是開發一系列的無乳製品，讓家庭廚師可以直接替換到幾乎任何食譜中。她決定命名為「Prameer」，這是印度起司「Paneer」的變體。

由於狄維亞仍是「The Restaurant」的員工，她不希望她的計畫被視為利益上的衝突，所以她安排一次與大廚費雪的會面，請求他准許自己以獨立企業身分創立「Prameer」。

會面當天，狄維亞一身硬挺的廚師白袍，頭髮往後梳成緊實的馬尾。狄維亞和費雪從來沒有單獨會面過，坐在費雪辦公室外的野餐長椅上等待他現身，讓她的心一直怦怦跳。二十四歲的廚藝學校應屆畢業生狄維亞，即將與世界頂級主廚之一會面，她心想：「我算哪根蔥？史蒂芬．費雪竟然會在乎？」

就像準備實習時那樣，狄維亞也做足了準備，帶著關於無乳製品烘焙趨勢的研究報告和分析競爭市場的圖表前來。但當肩膀寬厚的費雪走出來見她時，他以大學教授那種讓人卸除戒備的魅力和她打招呼。他笑著說：「不必緊張，就只是我。」

聽完狄維亞的計畫後，費雪不僅准許，還提了一個更好的建議：「要是我來幫妳呢？」他問道。狄維亞很震驚，可以會面半小時已經讓狄維亞心存感激，現在史蒂芬．費雪還想助她一臂之力。「我不需要任何回報，我只是忍不住想幫妳，因為妳看起來是非常積極且滿懷抱負的女性。」費雪說：「要不然我們來合夥怎樣？」狄維亞帶著一個點子來會面，離開時獲得一個商業夥伴，他們同意股權各半。

在接下來幾年，狄維亞得到費雪許多關照。儘管費雪是出了名的大忙人，還有經營其他幾家米其林星級餐廳，但他仍特地為狄維亞撥出時間，他們定期會面，討論這項事業的未來。兩人一起出現在狄維亞曾經嚮往的時尚雜誌上，狄維亞負責 Prameer 業務的日常營運，而膝下無子的費雪提供建議和指導。「這是我第一次有了導師。」狄維亞告訴我：「就像父親一樣。」

某天，狄維亞對公司事務感到特別焦慮，於是她去了費雪的辦公室，與The Restaurant的前門只隔著一條庭園步道。傾訴她的擔憂後，他說了一些話讓狄維亞銘記在心：「嘿，我只是想讓妳知道，我真的替妳感到驕傲。」兩人見完面，狄維亞直接走向她在停車場的車，坐在安全的駕駛座裡，開始放聲大哭。以前從來沒有人跟她說過這些。

隨著Prameer的發展，狄維亞也逐漸成爲有自信的執行長，她開發新品，打造品牌，還管理一支由六名員工組成的團隊。產品上架後，從無乳製品飲食部落格到《紐約時報》，各方佳評如潮。

第二年，時年二十六歲的狄維亞入選了《富比世》雜誌該年度三十位三十歲以下菁英榜（30 under 30）。Prameer繼續快速成長，產品在全美各地數百家商店通路上架，並將產品線擴大到無奶冰淇淋和優格。

然而隨著成長，狄維亞和費雪的關係也變得緊張起來。公司起步後，費雪開始撤出，讓狄維亞只能透過餐飲集團的財務長來聯繫他。狄維亞希望從有品牌包裝經驗的投資者那裡募集資金，但費雪不想稀釋公司股權，畢竟每引進一位投資者，狄維亞和費雪都得交出一些權力。

最後公司只能選擇聘請一位擁有大品牌經驗的新成員加入領導團隊，但狄維亞與這位中年食品主管處不來，她覺得對方在她面前擺出高人一等的樣子，更不信任她身爲公司執行長的領導能力。當狄維亞提議讓他走人時，費雪卻說她「像個任性的孩子」。

六年後，Prameer 的業績表現得比以往更好，但狄維亞的狀況卻不是。該公司擴張到全食超市（Whole Foods）和好市多（Costco）之類的大型量販店，但狄維亞感覺和費雪的關係漸行漸遠，爲公司付出大量的時間和精力已經讓她身心俱疲。她向經驗豐富的飲食業者尋求支持，但每次她引進潛在的顧問，費雪都會拒之門外，費雪不明白狄維亞爲什麼想要尋求 The Restaurant 核心圈以外的建議，狄維亞也不明白費雪爲什麼不願意接受可能有助於公司發展的支持。

為了擴展 Prameer 的產品線，狄維亞與團隊正在研發取代蛋的替代品。他們已經和零售業者簽訂合約並開始生產，卻在上市前不到兩個月，費雪臨陣退縮。他不滿意新產品的包裝設計，因為上面沒有強調出 Prameer 與 The Restaurant 的關聯性，而狄維亞會這麼做是為了吸引新顧客。

費雪決定乾脆取消這款蛋類替代品，這是壓倒狄維亞的最後一根稻草。她一一打電話給她花了數月洽談合作的供應商和分銷商，儘管她很想認為這是她的公司，但公司從未完全屬於她。狄維亞安排與費雪的會面，要遞出她的辭呈。

見面時，她告訴費雪，她已經失去當初啟發她創辦 Prameer 的激情，雖然是痛苦的決定，但她想離開公司了。然後，狄維亞看到了她從未見過的費雪，他說狄維亞忘恩負義，糟蹋他給予的機會，他拉高了嗓門說：「妳要知道，沒有我，妳什麼也不是。妳只是無名小卒，還待在那個廚房裡。」

狄維亞把他的話聽進了幾分，即使她的商業夥伴兼導師責罵自己，她仍然覺得應該感謝他的支持。狄維亞同意辭職後繼續為公司工作幾個月，她依舊對費雪的指導和善意抱持感激。她告訴我：「這就是我多年來的心態，我認為這種心態在很多方面形成了盲點，對這個人的感激之情，蒙蔽了我的雙眼。」

花費七年時間將Prameer從一個點子栽培成一家成功的企業之後，狄維亞終於離開了這家公司。剛開始，這個過渡時期很難受。她告訴我：「我的身分空出一大缺口。沒有這份工作，我不知道自己是誰。」身心俱疲的狄維亞，覺得自己再也做不了別的事情，但正是這段沒有工作的期間，讓狄維亞不經意地開始重建她的自我感（sense of self）。

■

狄維亞獨自在泰國旅行了六個星期，在那裡，沒有人會把她看成史蒂芬·費雪的得力助手。回到家後，她開始探索自己在創業七年間忽略的一些嗜好。她利用週末時間在紅杉林露營，平日則到海邊衝浪，她自學了滑板，並重新發現以下廚爲樂的喜悅。

「我之所以能夠在不同方面發展自己，是因爲我有了空間。」她告訴我。她不再只是一位工作者，還是一位滑板手、素描家、社區營造者以及愛惡作劇的三十歲大人。她喜歡綁架她的朋友，帶他們到城裡的祕密基地，穿上萬聖節服裝去攀岩，教她的室友怎麼從零開始製作印度咖哩餃（samosas）。

心理研究顯示，如果我們像狄維亞一樣投資不同面向的自己，應對挫折時會更有優勢；反之，如果越讓某一部分的自己定義自己的全部，應對變化的能力就越差。舉例來說，派翠西亞・林維爾（Patricia Linville）在一項研究中發現，對自己有更多不同想法的受試者（即她所謂「自我複雜度」〔*self-complexity*〕越大的人），在經歷壓力事件後，較不易陷入沮喪情緒和出現身體疾病。[26]自我複雜度越低的人遭逢壓力事件時，壓力容易「擴散」到其他生活層面。

這個道理很好理解。如果你的身分完全與你的某一方面緊密相連，無論是你的工作、淨資產、還是作爲「成功」的父母，即使只是超出你的控制範圍的一點挫折，都可能粉碎你的自尊心。但如果你培養更多元的自我概念和不同的意義來源，你將更有能力應對生活中無可避免的挑戰。

過度認同自己的某一方面也可能帶來危險。以朱尼爾・薩烏（Junior Seau）

為例，他是在美國美式足球聯盟（NFL）效力二十年的線衛，曾率領聖地牙哥電光人隊（San Diego Chargers）奪得超級盃冠軍，並創紀錄連續十二度入選明星賽職業盃。但退役後不到三年，薩烏不幸自殺身亡了。

「當你從小就是運動員，生活在一個無時無刻都在讚美你的世界中，讚美你的聲音總是在增加。」薩烏的隊友麥爾斯．麥克佛森（Miles McPherson）在他逝世後向運動頻道 ESPN 這樣說[27]，「總有一天這一切都會停止，然而你的身體、腦袋和心理早已習慣高度的興奮、腎上腺素飆升和挑戰，你會像被突然戒斷。」*

遺憾的是，薩烏的故事並不是個案。從職業運動選手到退伍軍人，從執行長到超級名模，失去自己的職業身分可能讓整個人都深受打擊，尤其是如果你沒有花時間或努力投資生活中其他有意義的來源。

對狄維亞來說，退出 Prameer 不只是讓她可以從經營公司的壓力中休息和恢復，也讓她有機會探索自己在工作之外的身分。漸漸地，她擺脫了對

* 薩烏逝世後，法醫也發現薩烏患有慢性創傷腦病變（chronic traumatic encephalopathy, CTE），是一種與腦部反覆受到撞擊有關的腦部退化疾病。

Prameer的念念不忘和受費雪認可的渴望，但同事突然打來的一通電話，讓她的療癒之旅暫停下來。

離開Prameer後，狄維亞開始與一位在食品飲料業有經驗的法律顧問合作。他在審查狄維亞的文件和K-1附表（向美國國稅局呈報關於商業合夥人之間財務細節的稅表）時，發現了一些驚人的事情。「這份附表顯示妳對Prameer的持股為零。」他在電話中告訴她：「看來史蒂芬將妳持股清零了。」

狄維亞認為一定是搞錯了。上星期費雪才致電祝賀她生日快樂，在媒體上費雪也特地強調他與狄維亞是夥伴，她花了七年的時間，幾乎整個二十多歲的光陰從無到有建立這家公司，她一開始就擁有公司百分之五十的股份。

站在颳著大風的列車月台上，她打電話給費雪。「K-1附表是不是弄錯了？」她問他。

「沒有。」他平靜地回答：「妳離開了，我們不得不重新調整財務安排。」

「你怎麼能就這樣把我的股份清零？」她問：「你怎麼能奪走我投入了心血

和淚水一同建立的公司？」

「抱歉，狄維亞。」他說：「這只是生意考量。」

然而，對狄維亞來說，他們的合夥關係不只是出於生意考量。費雪是她的第一位導師，即使兩人意見相左，她也總以畢恭畢敬的態度和他說話，就像二廚面對他們的行政主廚一樣。但那句「這只是生意考量」打破了她對這個人的印象，她的整個職業生涯曾敬慕的，這位廚房抽油煙機掛著米其林星牌的男人，原以為他是可以絕對信賴的人，就像家人一樣，結果人事已非。

「費雪，你應該知道我這個人，我不會輕易認輸的。」狄維亞這樣說，態度與十年前她和柯迪在宿舍時一樣堅定。

「這是威脅嗎？」費雪問。

「不，只是讓你知道我的個性。」

這是他們對簿公堂前的最後一次談話。

長形木桌周圍坐著法官、法庭速記員、雙方律師團隊、餐飲集團財務長以及狄維亞，狄維亞是仲裁會議上唯一不是中年白人的人。費雪最後到場，一身藍色西裝搭圍巾，直接走到法官面前，彷彿在迎接重要的貴賓，即使是這種場合他也展現出東道主的姿態，費雪坐下前與每個人都握手致意。

列車月台上的那次談話已經過了一年多。後來，狄維亞聯絡了幾名律師，希望找到一位能爲她辯護的人。但一次又一次，她都得到相同的回覆：「妳確定要這麼做嗎？打官司很難，沒人會是贏家。」但狄維亞心意已決。她媽媽過去常對人說：「狄維亞有她自己的底線，一旦跨越那道底線，怎麼說服她都沒用。」

狄維亞終於找到一位願意以勝訴抽成接案的律師，也就是，只有打贏官司才會收取酬勞。儘管如此，狄維亞仍傾盡畢生積蓄，支付法庭費用、聘請專家證人、以及其他保障自己不受名廚侵害的各項開銷。早年經營 Prameer 期間，她給自己的薪水非常低，尤其是以執行長薪資規格來看，現在，她爲這個案子投入了這一切。

訴訟持續了五天。雙方各自帶來自己的財務專家，費雪的團隊評估狄維亞所持有的股份價值，只佔狄維亞團隊提出的一小部分。律師們仔細翻閱五年前的電子郵件和公司文件影本，分別提出各自的論點。狄維亞和費雪都接受了好幾個小時的問訊和交叉詰問，沒有坐在會議室前方時，他們面對面坐在桌子末端，彷彿正在共進晚餐。

狄維亞的律師團隊指控，費雪沒有任何理由稀釋她的股權，他這樣做只是以爲自己可以蒙混過去。他們認爲狄維亞應該得到現金賠償，以彌補狄維亞在Prameer應得的經濟利益和費雪行爲所造成的損害。費雪的律師團隊則辯稱，企業增資必然導致股權稀釋，況且狄維亞的股權根本沒有她聲稱的那樣值錢。到最後，費雪和狄維亞雙方淪爲各說各話的局面。在庭外，當時即將舉行的布雷特・卡瓦諾（Brett Kavanaugh）聽證會成爲新聞輪播焦點（也是另一個雙方各執一詞的情況）。但二〇一八年夏末的那週，狄維亞和費雪的整個世界，都困在仲裁會議室的四面牆裡。

費雪在提問期間一度打斷狄維亞律師的問話。「你把她說成一個天真的小女孩。」費雪說：「如果她這麼聰明，能開發出市面上沒有的產品，那麼她肯定有分析頭腦，應該可以理解自己在法律文件上的行爲。」和那天脫口說出要不是有他，狄維亞現在還待在那個廚房一樣，他的米其林星級魅力假象一瞬間破滅了。

一個星期後，狄維亞收到喜憂參半的消息。她打贏了這場官司，但法官的判決不是以現金和解，而是恢復她在公司的百分之五十股權，又將她與費雪綁在一起。整個生活被Prameer占據了十年之後，她現在只想要澈底告別這一章。狄維亞與費雪最後達成協議，讓她離開Prameer，她無法挽回逝去的時間，但至少終於獲得自由。

我最近去了狄維亞的家，位於波特蘭一間十四人的合作公寓（co-op）。這間房子是由一棟維多利亞時代的宅第改建而成，十幾間臥室，坐落在距離泰博爾山公園（Mount Tabor Park）兩個街區遠的林蔭街道上。狄維亞的室友年齡和背景都不同，同住者有一個四十歲的氣候運動家、一個二十九歲的電影製作人及一個名叫沃頓（Walden）的兩歲孩子。合作公寓的生活用品共享，每兩週舉行一次「家庭聚餐」，室友們圍坐在餐廳裡一張扭曲的橡木桌用餐。今晚是狄維亞的料理時間，她從共用廚房的烤箱裡取出烤得香脆的花椰菜和青花菜時，我問她希望別人從她的故事中得到什麼。

「我想提醒大家，你必須在工作之外創造價值來保護自己。」她邊說邊把微焦的蔬菜放在料理檯上。在離開 Prameer 之前，她以爲自己的個人價值與工作者的價值緊密相連，以爲她的價值是她的名聲、財富或對費雪的敬慕所帶來的。「傷害就是這樣發生的，因爲你不知道自己的價值，所以界限一次又一次被跨越。」她告訴我。

狄維亞以餐廳廚房工作多年的熟練手法，在蔬菜上刨帕瑪森乾酪絲，我問她，從第一次加入 The Restaurant 到十年後終於斷絕與費雪的所有經濟瓜葛，這段期間令她最難忘的事情是什麼。起初，她的回答讓我很驚訝。令她最難忘的並不是發現自己贏得實習機會，不是得知費雪想合夥發展 Prameer 事業，不是入選《富比世》「三十位三十歲以下菁英榜」，也不是仲裁案勝訴。讓狄維亞印象最深刻的是離開公司沒有工作的那段短暫期間，那段她的身分與她的職業毫無關聯的時間。

正如狄維亞的故事，以工作爲中心的生活占去了其他事情的空間。在狄維亞建立Prameer的這一年裡，她的工作不僅占據了她最好的時光，也耗盡了她的最佳能量。我們並不只是單一角色，我們既是工作者，也是兄弟姐妹、公民、業餘愛好者和鄰居。就像植物一樣，身分也需要時間和關注才能成長，除非我們有意識的去灌溉，否則這些身分很容易枯萎。

多元化身分並不僅是爲了減輕失去工作帶來的衝擊，我們不該只是爲了避免負面反饋的刺痛或退休後的迷惘才這麼做。發展多元化身分是因爲，這樣可以讓我們成爲更完整的人，讓我們能夠以不同方式爲世界做出貢獻，並超越我們產生的經濟價值，發展自我價值感。然而諷刺的是，研究顯示那些擁有工作以外的嗜好、興趣和熱情的人，也往往是更有生產力的工作者。[28]

那天晚上坐在廚房裡，看得出來狄維亞已經透過共同生活培養了另一個身分。她最近和室友去參加音樂節，並且正在爲假期籌辦一場藝術手作之夜。她把房間一角打造成品茶空間，歡迎大家隨時過來。室友對她的評價，遠超過她的職稱、創辦公司的成功、或她與史蒂芬·費雪的關係，他們認爲她是才華洋溢的家庭廚師、熱愛戶外活動的人、創意十足的派對策劃者、慷慨的朋友。

如今，狄維亞又開始工作了。她與人合夥創辦了一家食品公司，最近籌募到四百萬美元的種子基金。我問她這次創業有何不同，她幾乎想都沒想就回答我：「我知道我的價值。我已經發展了工作之外的身分，倘若工作會侵犯到我大部分的身分和生活，我會知道那不值得。」

第 2 章

崇拜工作

關於「把工作當成神」的迷思

The Religion of Workism

On the myth that your job can be your God

「世上沒有人不崇拜。每個人都會崇拜某些事物。我們唯一可以選擇的是崇拜什麼。」——大衛・福斯特・華萊士(David Foster Wallace)[29]

萊恩・伯吉(Ryan Burge)一看到那張圖表，手便顫抖起來，這已經是他的直覺反應。每當手開始顫抖時，他就知道自己找到了什麼重要東西，那是二〇一九年三月十九日，「美國社會調查」(General Social Survey, GSS)公布二〇一八年統計資料的那一天。自一九七二年以來，從政治觀點到對上帝存在的信仰，「美國社會調查」一直在搜集美國社會趨勢的相關數據。對萊恩這樣的社會科學家來說，這份半個世紀之久的長期追蹤資料像一座金礦。

在他的專業領域「組織性宗教的發展趨勢」上，這份新數據將會展示出什麼？萊恩對此相當感興趣。歷史上，絕大多數美國人都屬於一個宗教群體，直到一九九〇年，大約只有百分之七的美國人認爲自己是無神論者、未知論者、或者沒有特定信仰。[30]但最近趨勢改變，就連美國主流宗教的人氣都在流失，而「無宗教歸屬者」(與組織性宗教沒有關聯的總稱)的人數卻在增加。

萊恩有一張圓臉和淺棕色寸頭，稚氣的外貌掩蓋了他在世上累積三十九年光陰的智慧。他說話像以兩倍速播放的有聲書，但腦筋往往動得比他說話還快，談起研究方法時，就像別人談起自己的孩子或喜愛的運動隊伍一樣興奮。而「美國社會調查」發布新統計資料的那天，就是萊恩的超級盃大賽。

萊恩一整天都在期待結果，從任教的大學驅車一百英里回到位於伊利諾州弗農山（Mount Vernon）的家，他在路上就開始盤算要用什麼公式計算這些數字。到家後，給他兩個小兒子吃了花生果醬三明治，然後讓妻子和孩子一起泡泡浴，一面計算下樓進去工作室的時間還有多久。

他很清楚知道自己要找什麼，他想知道過去兩年裡，美國七大宗教的人民參與度有何變化。這些數字經過運算，他馬上就看到自稱「無宗教信仰」的人，第一次出現了比「福音派」或「天主教徒」的人更多的數字，這表示無宗教信仰者現在是美國最大群體，幾乎每四人裡就有一位。就是這時，他的手開始顫抖。

萊恩衝上樓幫兒子們擦乾身體，然後趕緊回到工作室，他想，我一定要把這個結果分享出去。晚上八點四十八分，他在推特分享了一張關於無宗教歸屬者崛起的圖表給他的六百位追蹤者，接著上樓講個睡前故事，等到孩子入睡後，這張圖表已經在網路瘋傳。

萊恩的圖表後來登上 Reddit 論壇首頁，累積超過兩千筆評論。[31]《紐約時報》和《華盛頓時報》都報導了這則消息。「無宗教歸屬者」崛起變成全國新聞，來自伊利諾州鄉村的小鎮學者萊恩．伯吉成爲新聞的主角。

但對萊恩而言，研究美國宗教趨勢並不是嚴格意義上的職業。因爲他除了是一名教授之外，還是弗農山教堂「第一浸信會」(First Baptist) 的牧師。當我問他如何回答「你是做什麼的？」這個問題時，他沒有正面回應。「這是我一直以來的議題。」他說：「我從來沒有眞正融入過任何地方，總是無法完全隸屬於某個角色」。

與許多牧師不同，萊恩加入神職人員的行列是爲了錢。大學二年級那年春天，他還沒找到暑期工作，所以一聽說鄉下老家二十英里外的教堂有個機會，他就申請成爲青年牧師。畢業後他當過銀行出納員，但受不了千篇一律做相同的事，於是決定攻讀政治學碩士學位。就讀研究所期間，他開始在一間約有三十名退休人員的小教會裡擔任牧師，後來在二十三歲時加入第一浸信會，至今為止他已在這講道十七年了。

弗農山是伊利諾州南部一座約一萬五千人的城市，比起芝加哥，更靠近聖路易斯。該城市的工作機會主要來自一家輪胎製造商、一個沃爾格林（Walgreens）的物流配送中心、以及一間名為「善行」（Good Samaritan）的天主教醫院。第一浸信會坐落在郊區一大片整頓過的土地上，主建物是石造尖拱頂建築，裡面有一個禮拜堂，木造天花板使人聯想到船身。

第一浸信會反映了全美數千間主流新教教會的故事，也就是，宗教衰落的故事。二〇〇六年，萊恩第一次當上牧師時，每週日都有五十位固定教友前來做禮拜，到了聖誕節和復活節，可容納三百人的禮拜堂都是座無虛席。第一浸信會經常舉辦讀經班、慈善活動和鄰里聚會，一週好幾天。這裡曾是弗農山的社交與慈善活動的重要支柱。

如今，第一浸信會的固定聚會教友大約只剩十幾位，教會已經不在主禮拜堂舉行敬拜儀式，而是改在一間場地較小、鋪著油氈的社區教室，教友坐在黑色摺疊椅上圍成一圈。

有時候，座位坐不滿的情況讓萊恩氣惱。「我覺得自己像個失敗者」，他在自己的著作《無宗教信仰者：他們從哪裡而來？是何方神聖？將去哪裡？》（*The Nones: Where They Came From, Who They Are, and Where They Are Going*）中寫道：「我覺得自己就像辛苦工作二十年後卻遭解雇的工廠工人，想知道為什麼我的努力沒有得到回報。」[32]但當萊恩戴上了社會科學家的帽子後，就能輕易重新評估這種情況，他知道第一浸信會的事情反映的並非他的努力，而是反映幾十年來的趨勢。

關於組織性宗教式微，並沒有一個簡單的解釋。有人可能因為激烈的神學分歧離開宗教，有人可能會因主日崇拜時間提前半小時而離開。但像宗教團體這樣曾為許多美國人提供歸屬感、目標和身分認同的基礎設施，現在顯然正逐漸失去人氣。然而這些機構淡出之際，人們對歸屬感、目標和身分認同的需求卻依然存在。結果人們將目光轉向別處，而美國人最有可能投入大部分時間的地方，就是辦公室。

十六世紀以前，認爲工作應該不只是苦差事的想法，在西方社會幾乎聞所未聞。古希臘人認爲工作是一種詛咒，阻礙人們從事更崇高、更有價值的心靈和精神追求。[33]拉丁文的「日常工作」(negotium)，字面翻譯即是「不愉快的活動」，[34]直到德國神學家馬丁·路德(Martin Luther)出現，我們對工作在生活中所扮演的角色概念才開始轉變。

在十六世紀的歐洲，天主教會因販售名爲「贖罪券」(indulgence)的小羊皮紙而大賺一筆，這些贖罪券爲想用錢買通天堂的教徒，提供了一個被赦免的機會。路德於一五〇七年受封爲神職人員，但他反對販售贖罪券的作法，在他看來，命運是注定的，天堂的位置不可買賣。上帝呼召每個人到特定崗位，鞋匠製鞋、鐵匠打鐵，這樣我們才能好好侍奉上帝。如此一來，工作成爲神聖的呼召(divine calling)，我們的辛勞也值得崇敬。

路德獲授神職兩年後，約翰·加爾文(John Calvin)誕生。加爾文把路德對工作的尊崇提升到另一個層次。加爾文認爲，勤奮工作不只是因爲我們本該如此，更是那些上帝選民（the Elect）通往天堂之路的關鍵特質，勤奮工作並獲得上帝恩寵的外在表現（即財富），是一個人獲得永恆救贖的證據。因此，根據加爾文主義的觀念，如果你想上天堂，你可以（也應該）找到一份讓你努力投入的工作，換句話說，你應該找到你的天職。

正如德國社會學家馬克斯・韋伯（Max Weber）在其著作《新教倫理與資本主義精神》（*The Protestant Ethic and the Spirit of Capitalism*）中所提到的，資本主義和新教之間有一種共通的精神，[35]資本主義是重視利潤的經濟體系，新教則將勤奮工作視爲通往天堂之路。韋伯認爲加爾文主義是現代資本主義的基礎，特別是生產力決定了上天堂還是下地獄的概念。一個仰賴持續成長的經濟體系，和一個推崇勞動的宗教體系，共同爲一個崇拜工作的社會創造了完美條件。

不過，像加爾文這樣的十六世紀牧師可能不會認可當今的「成功神學」（prosperity gospel）傳教士，[36]比如靠著銷售如何致富的書籍賺了數百萬美元的約爾・歐斯汀（Joel Osteen）這些人。成功神學是一種教義，美國大多數福音派教徒相信，財務上的成功是上帝的旨意。[37]

每個星期日，歐斯汀都會出現在德州休士頓一個改建自NBA場館的會場，在數萬名會衆面前，宣揚信仰和努力工作會增加一個人的物質財富。根據歐斯汀的說法，「準時上班是榮耀神，每天都有工作效率也是榮耀神」。

歐斯汀在他的暢銷書《活出美好：七個挖掘生命潛藏金礦、扭轉人生格局的關鍵之鑰！》（*Your Best Life Now: 7 Steps to Living at Your Full Potential*）中寫道：「你會得到什麼直接取決於你的信仰。」有信念就能致富，很難想像有什麼比這個想法更符合美國國情。[38]

然而，儘管每週都有數萬名教徒收看歐斯汀的傳道節目，仍然有許多美國人不再去教會。萊恩對此有一些理論解釋。[39]

■

有幾個著名的假設解釋人們爲何脫離宗教，這些假設都描繪出三十年間「無宗教者」爲何增加了三倍以上。萊恩向我解釋了其中三個假設，從上方圖表來看，一九九一年似乎發生某種動盪事件，催化了無宗教信仰者的崛起，儘管當時並沒有這類事件，但一九九〇年代初期，有幾個醞釀了十幾年的社會發展趨勢同時出現。

首先是商業網路的興起。網路讓那些像希拉·康諾利（Sheila Connolly）這樣懷疑自己信仰的人更容易找到彼此。一九九〇年代，希拉·康諾利在華盛頓州一個天主教家庭中長大，她從小在家接受教育，十幾歲時就讀天主教寄宿學校，後來進了一所天主教大學。起初對宗教教育中某些方面產生懷疑時，她感到孤獨無助，如果希拉早個幾十年出生，沒有接觸網路，她可能會壓抑自己的懷疑，繼續參與地方社區的傳統活動。社會科學家稱這種情況爲「沉默螺旋」（spiral of silence），當我們的觀點違背周圍社會的規範時，保持沉默比發聲更容易。從小到大，希拉只認識一位離開教會的人，但網路讓她看到更多天主教圈子以外的觀點。

無宗教信仰者（1972 年至 2018 年）

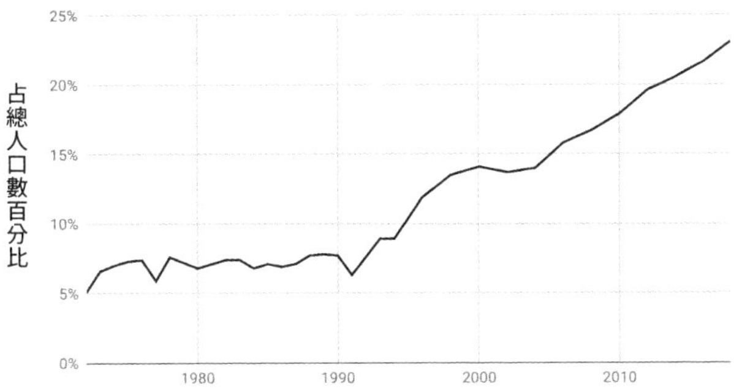

希拉在網路上找到一群有相同疑惑的人，他們的支持幫助她建立起信心，最後完全離開教會。她告訴我：「教會能讓圖書館禁止某些書籍，但不能讓所有Google搜尋結果都符合他們的說法。」希拉不是唯一一個在網路上找到無信仰社群的人，Reddit論壇的無神論討論版有兩百七十萬名成員。[40]相比之下，基督教討論版只有三十三萬名成員。[41]

另一個解釋宗教參與度下降的常見理論，是宗教的政治化，具體來說是基督教和政治保守主義的融合。儘管學者間對宗教右派的起源有所爭議，但最常被引用的理論指出，自一九七〇年代中期起，一群以電視佈道家（televangelists）出名的福音派牧師開始利用他們的平台，公然抨擊美國社會的道德敗壞。[42]這群人以同性戀、墮胎和色情等極端爭議問題作爲主要討論話題，迅速從禮拜講壇走入政治舞台。學者們認爲，由浸信會牧師老傑瑞・法威爾（Jerry Falwell Sr.）創立的政治遊說團體「道德多數派」（Moral Majority），獲得了三分之二的福音派選票，成爲幫助雷根贏得一九八〇年總統大選的關鍵。[43]

同時，將宗教與保守派政治議題融合，也導致自由派遠離教會。在一九七二年，每週上教堂的白人基督徒中，自認爲是民主黨的人占百分之五十五，自認是共和黨的人占百分之三十四。[44]到了二〇二一年，認爲自己是民主黨的人只剩百分之二十一，認爲自己是共和黨的人占百分之六十二。

第三個常見理論認爲，無宗教者崛起與社交孤立（social isolation）現象增加有關，美國民衆參與的社會團體比以前少，宗教團體就是一個。在《獨自打保齡球：美國社區的衰落與復興》（*Bowling Alone: The Collapse and Revival of American Community*）一書中，哈佛大學政治學家羅伯特·普特南（Robert Putnam）研究了保齡球聯盟和政治會員組織等社會團體，指出美國人的集體社交生活急遽減少。[45]普特南擔憂，社會參與度下降，會磨損將我們聯繫在一起的社會結構，讓我們失去使命感及歸屬感。他認爲信仰社群（faith communities）「可說是美國最重要的社會資本寶庫」。

萊恩也附和普特南的觀點。他告訴我：「宗教在社會意義上回答了我們是誰，而不是神學或心理學上的意義。就像是一個具有神聖成分的社交俱樂部。」然而，隨著參加各種社群團體的美國民衆越來越少，俱樂部和教會人數都在下降。

社交孤立現象增加也與世代有關。倫敦智庫「前進」（Onward）的一項研究顯示，二十五歲時參加教會、讀書會或運動團體之類的組織，在千禧世代（Y世代）只有百分之三十七的人；在X世代則爲百分之四十八。[46]就在參與這類團體的年輕世代越來越少時，工作塡補了這個空缺。

爲什麼工作成爲替代宗教的首選，有許多可能的解釋，稍後我們將探討「追隨你的熱情」風氣興起、辦公室怎麼成爲社交生活的中心、以及企業高層的神話。但工作主義的基礎，是美國人對工作賦予了極大的主觀價值。對許多人來說，尤其是受過大學教育的專業人士，工作已經成爲他們的主要意義來源，但正如德瑞克．湯普森發表在《大西洋月刊》的文章「工作主義讓美國人痛苦」（Workism Is Making Americans Miserable）中所說的，辦公桌從來都不是我們的祭壇。[47]

■

我在二十七歲時親身體會到崇拜工作的風險，當時正值職業生涯的關鍵期，我得在兩份工作機會中做出選擇。一份是擔任線上時尚雜誌的特約撰稿人，我在二十多歲的時候，一直探索不同的職業，先是廣告業打滾個幾年，又在科技業待了幾年，同時又夢想全職寫作，當時我利用晚上和週末從事自由撰稿工作，但每次說「我是作家」時，都感覺像在說謊。特約撰稿人是我第一次得到這個職稱的工作機會。

另一份工作機會是在一家享負盛名的設計公司擔任設計師。自從研究所聽到創辦人的演講後，我就一直想到那裡工作，我在隨身攜帶的筆記本寫下「爲這個人工作！」過了幾年後，我終於有機會如願以償，而且這份工作的薪資比新聞撰稿工作高出百分之五十。

我猶豫了幾個星期，徵求了所有我愛的人的意見，還有我的瑜珈老師和Uber司機。還找了一位職涯教練（career coach），在麥可．波倫（Michael Pollan）的默許下，我甚至嘗試迷幻藥看能否幫我打定主意，可是一點進展也沒有。

每次看似已經做出決定，我都會想到另一個工作更好的所有理由。也許我應該擔任魔鬼代言人（devil's advocate，譯註：故意提出反面意見的人）？

在某個層面上，我知道自己的難題有多荒謬：「天啊，要在兩份吸引人的工作機會之間做決定真令人苦惱。」我怪自己太在意這件事，過於重視這個決定。但在另一層面上，這個決定確實很重要，這不僅關係到我的工作，亦關係到我的身分認同，牽涉到我可以怎麼回答「你是做什麼的？」這個問題，這個問題相當於是問「你到底是誰？」所以，我不覺得自己只是在兩份工作間做出選擇，感覺像是在兩種版本的自己之間做抉擇。

經過幾個星期的考慮，我接受了那家設計公司的工作。其實，這還不是全部的眞相。起初我拒絕這份工作，接著陷入惶恐不安的情緒，第二天又打給招募專員說我改變心意，結果新工作剛開始幾週，我確定自己這次眞的做錯決定了。每天早上喝咖啡，我都有種存在性焦慮，我搜尋 LinkedIn 網站，想知道在「誤入歧途」後，新聞業會不會重新接納我。

我變得難以相處，成了差勁的朋友，不願意關心別人的問題。我也變成差勁的伴侶，顧著講述自己的職涯問題，而無法討論其他事情。到最後，我也變成差勁的員工，無法專注在自己個人成就之外的事情。

但後來，有些事情漸漸開始改變。我希望我能說自己有什麼重大頓悟，但其實最有幫助的是時間。我鬆開了緊抓不放的工作，開始找回自己每週的規律生活。踢踢足球，看點自己喜歡的書，和朋友一起去公園，和室友一起煮晚餐。在工作上，我試著專注於我喜歡的工作內容，而不是糾結於其他無數的可能性。更重要的是，我不再爲自己的選擇困擾不已，我覺得我的工作已經足夠好了。

此時，工作主義的陷阱開始顯露眞面目。首先，如狄維亞所學到的那樣，整個人投入到工作裡，可能意味著對生活中其他有意義的方面缺乏貢獻。而且，工作並非總是存在，如果工作等於你的身分，那麼失去它以後，你還剩下什麼？還有第三個風險，也許比其他風險更普遍且有害，那就是：期望工作帶來超越性的體驗，可能會換來更大的失望。

把信仰放在宗教上，而不是像工作這樣的世俗追求，有一個好處，那就是超自然力量不是我們能控制的。大衛．福斯特．華萊士（David Foster Wallace）在他的經典演說「這是水」（This is Water）中提到：「選擇信仰某種神祇或靈性事物更有說服力的理由是，因爲你崇拜的其他事物幾乎都會把你困在其中。」[48]崇拜美貌、金錢或權力，將令人永遠無法感到滿足。

而我崇拜工作的結果是，接受任何不完美的工作都像一種失敗。唯有把工作自崇高的地位挪下來，我才能夠把工作視爲我身分的一部分，而非我的全部。

那是一個星期天早晨，也就是萊恩站在講道台上的時候。本週稍早，他看到了吉普汽車（Jeep）新系列 Grand Cherokee 休旅車的廣告，萊恩決定以此作爲這週講道的主要內容。廣告標語是「我們所做的事造就了我們」（The Things We Make, Make Us），他站在社區教室前方，對著一小群會衆說：「我們不應該以我們所做的事來定義自己，應該從我們是誰和屬於誰的角度出發。」然而，在內心深處，萊恩卻感到矛盾。「我相信，一般而言，我們所做的事造就了我們。」他後來告訴我。

萊恩眞心熱愛他的工作，他從工作中獲得了許多意義，以至於到現在，年近四十歲的他，一想到退休就害怕。「我希望有一天到了天國之門，上帝會問我：『你爲我做了什麼？你用什麼來建立這個國度？』我想說我付出了一切，毫無保留。」他說。

自從那晚他的圖表在網路瘋傳之後，萊恩的人氣迅速攀升。現在他有一萬八千多名 Twitter 粉絲；並擔任《紐約時報》和《國家公共廣播電台》（*NPR*）在宗教趨勢方面的定期評論員；各大出版社的編輯們渴望出版他的下一本著作，研究型大學也期望邀請他來校園演講。一夕之間，一位自稱「伊利諾州鄉下小鎮的傢伙」變成公共知識份子（public intellectual）。隨著專欄文章和演講的邀約不斷湧入，萊恩面臨到廿一世紀最大的諷刺之一，事業成功的回報往往只是更多的工作。

不過，儘管工作壓力逐漸加劇，萊恩的信仰與市場對他的需求反而相互抵銷了。雖然成功神學將信仰與工作聯繫起來，但大多數宗教傳統活動都會主動將神性與生產力區隔開來。無論是時間上的區隔，如猶太教傳統的安息日；空間上的區隔，如隔絕其他社會的修道院；還是行爲上的區隔，如伊斯蘭教的祈禱呼喚，每天五次暫停手邊的工作。正如靈性研究者卡斯柏．特奎勒（Casper ter Kuile）所說，祈禱呼喚實際上是「中斷市集」，重點不在於將信仰與生活的其他方面切割開來，而是要提醒我們，即使生活在商業世界裡，也要把價值看得比商業更重要。

對萊恩而言，工作與生活的平衡，並不像在自助文章中能讀到的最佳作法。他會在週日查看電子郵件，經常在辦公桌上吃午餐，用工作電腦和兒子們玩網路遊戲《要塞英雄》（*Fortnite*）。工作和生活的界限並不是一道牢固的邊界，更像是一個可滲透的過濾篩，但萊恩在各個方面都保持平衡。他不僅僅是一名學者，也不僅僅是一位新教徒、父親、牧師、或一位來自伊利諾州小鎮的人；這些身分，他都有。

對萊恩來說，找到平衡可能意味著要推掉一些報酬高的演講機會，因爲這些機會讓他無法參加週日講道，也無法去爲兒子們的足球比賽加油。這意味著他選擇留在弗農山，繼續投資當地社區，而不是追求在其他大型研究機構裡面工作。「從生活中的諸多方面尋求意義，當某個方面遭遇挫折時，才不會帶來太大的打擊。」萊恩告訴我，工作不是他唯一崇拜的事物。

傳統信仰有助於回答一個基本問題：是什麼讓我們的生活有價值？宗教提供了實踐、教義和一個社群，讓我們與他人一起尋找答案。但在日益世俗化的世界裡，我們必須找到其他方法來回答這個問題，工作提供了一個潛在途徑，就像教會一樣，辦公室本身也是容器，涵蓋工作任務、身分認同以及價值體系（用生產力、效率和收入來衡量價值）的容器。

我不認爲從工作中尋找身分認同和獲得意義一定不好，確實，我把自己視爲作家，並從我的著作成果獲得意義。但重點是要記住，職場只是一個容器，只是生活價值的其中一個定義。假設只有一個價值體系被當成絕對眞理，就好比在狹窄的平台上保持平衡，容易受到強風的影響。例如，加入保齡球聯盟、學習彈吉他、或每週舉辦朋友聚餐，其好處之一就是這些都分別具備另一個容器的功能。在保齡球館裡，沒人會在意你的職稱；當你學習第一個和弦時，不必立志成爲搖滾明星；你的朋友們不太會根據經濟產值來評價你這個人。（如果他們會，也許你需要結交一些新朋友。）

研究表明，過著有意義的生活，並不一定是你賺多少錢或擔任什麼職位。事實上，同家公司、同樣職位的員工，對他們工作所獲得的意義，也會有截然不同的描述。[49]研究人員發現，與意義相關的一個共同特點，是高度「自我決定」(self-determination)程度。[50]換句話說，由自己決定自己所重視的事物時，會更有動力和滿足感。

我無法告訴你該崇拜什麼。但我知道，如果不主動決定自己所重視的事物，你就會繼承周圍的價值觀。如果你投資多種意義來源，就像萊恩一樣，對生活的價值有多種定義，那麼你投資你自己的方式，就不會受到任何公司、老闆或市場的控制。

第 3 章

熱愛工作

關於「夢想工作」的迷思

The Love of Labor

On the myth of dream jobs

「我沒有夢想工作，我的夢想是不工作」——凱西・漢彌爾頓（Casey Hamilton）（透過TikTok）[51]

理查・波利斯（Richard Bolles）在出版國際暢銷書《你可以不遷就：你的求職降落傘是什麼顏色？》（What Color Is Your Parachute?）的兩年前，他和一九六〇年代末期經濟衰退中的許多勞工一樣被裁員。在擔任聖公會牧師十五年後，波利斯因爲一連串的預算刪減而遭解雇，但他沒有立刻重返勞動力市場，而是申請了一筆補助經費，到全美各地旅行，與民衆談論工作的事。

那一年，他聽到許多不開心的勞工正考慮「跳槽」（bail out，譯註：英文也有跳傘之意），轉換職業跑道。[52]「每次聽到都會想到飛機。」波利斯在二〇一七年過世前接受《紐約時報》採訪時表示：「所以我會回，『那你的降落傘是什麼顏色的？』」

將個人滿足感視爲事業成功的核心，這種觀念在那個年代還很新穎。當時民衆普遍認爲工作只是達到目的的手段。人工作是爲了養家或成爲對社會有貢獻的成員，熱愛（或只是喜歡）自己從事的工作並不是首要考慮的事情。

然而，波利斯持不同意見。《你可以不遷就》主張，工作讓你「在上帝使你最感興趣的地方或環境中，發揮你特別來到世上要使用的才能」。[53]在波利斯的概念框架中，找工作的第一步應該是確定什麼能激發你的熱情。他的兒子蓋瑞（Gary）告訴我：「他談到人生使命（mission）用大寫M開頭，談到人生志業（vocation）用大寫V開頭。」

一開始，《你可以不遷就》採用影印小冊子的形式推出，波利斯在他位於灣區的公寓以五美元價格販售，最初印刷量僅一百份。[54]自那時以來，這本書銷量已逾千萬冊，翻譯成二十多種語言，《你可以不遷就》是有史以來最受歡迎的商業書籍之一，而波利斯所傳達的訊息，至今仍然是普遍的智慧：你的工作應該讓你感到滿足，且與你的特殊技能和內心渴望相契合。

在工作方面使用個人滿足感的說法，引發了一場革命。儘管波利斯在《你可以不遷就》的最初版本中沒有使用「夢想工作」一詞，但他的書卻說服了全世界的工作者追隨自己的熱情。工作者開始尋找能夠自我實現的工作，而協助他們找到理想工作的行業也迅速湧現。結果，愛和意義開始取代工作保障和穩定，成為我們最重視的職業美德（professional virtues）。在《你可以不遷就》出版後的五十年間，「夢想工作」（dream job）一詞在書籍中提及的次數增加超過一萬倍。[55]

如果工作主義是一種宗教，那麼夢想工作就是神祇。然而，期望工作總是夢幻迷人也存在著黑暗的一面。「『你的夢想工作就在前方，所以永遠不要停止奮鬥』這種信念的問題在於，它是讓人身心俱疲的藍圖。」德瑞克．湯普森寫道：「這是一場邪惡的遊戲，創造出誘人又罕見的獎賞，幾乎沒有人能贏，但每個人都覺得有義務永遠玩下去。」[56]

芙巴茲．艾達（Fobazi Ettarh）在十五歲時決定了自己的夢想工作。她在位於新澤西州利堡（Fort Lee）的高中圖書館翻閱一堆等待歸還的書籍，突然一本短篇故事集引起了她的注意。雖然芙巴茲是個熱愛閱讀的人，但除了平常愛看的科幻小說，幾乎不會挑選其他類型的書籍。不過她當時正好有些時間可以打發，便翻到了一則題為〈我是藍色嗎？〉（Am I Blue?）的短篇故事，作者是布魯斯．柯維爾（Bruce Coville）。

故事中，一位名叫文斯（Vince）的十六歲少年正在糾結自己的性向，這時他遇到了一位神仙教父。神仙教父用魔杖在文斯的眼皮輕點，賦予他可以看見每位酷兒人士呈現不同藍色陰影的能力。文斯睜開雙眼，看見藍色的警察和藍色的農夫，藍色的教師和藍色的士兵，藍色的父母和藍色的孩子。文斯第一次意識到自己並不孤單。

這則故事深深觸動了芙巴茲，「我眞的以爲只有我自己在面對這個問題。」她告訴我。但這本書幫助她意識到，身爲酷兒並不是「會讓我下地獄的可怕禁忌……只是生活的一個事實而已」。

〈我是藍色嗎？〉讓芙巴茲看到了酷兒文學的世界，也讓她意識到學校圖書館員在她覺醒過程中所扮演的重要角色。每週，她都會緊張地走到圖書館櫃台借閱新書，就像第一次買避孕藥的青少年一樣。但圖書館員似乎從不論斷她，反而還熱心推薦以酷兒爲主角的書籍，例如南希・卡登（Nancy Garden）的《女戀：我愛上一個女孩，而我也是女孩》（*Annie on My Mind*）和茱莉・安・彼得斯（Julie Ann Peters）的《妳是我的祕密》（*Keeping You a Secret*）。

「如果當時有哪個成年人說了任何輕蔑貶低的話，我可能還會躲在衣櫃裡十年。」芙巴茲告訴我，她想幫助別人，就像她學校的圖書館員幫助過她一樣。於是，芙巴茲設定目標成爲校園圖書館員，她找到了自己的夢想工作，並願意不計一切實現夢想。

從我們問孩子「長大後想做什麼」的那一刻起，就已經把夢想工作當成人生的終極目標來推崇。「你必須找到你熱愛的事。」賈伯斯（Steve Jobs）於二〇〇五年在史丹佛大學那場著名的畢業演講中說：「假如還沒有找到，繼續尋找，不要放棄。」[57]

但是，追隨自己熱情這個普遍看法可能有誤，甚至有害。即使找到一份自己喜愛的工作，期盼它永遠都會是夢想工作，也可能令人失望。視覺藝術家亞當．庫茲（Adam J. Kurtz）在他的「工作／生活平衡」作品中，巧妙地總結了這個道理，他把「做你熱愛的工作，這輩子就沒有一天像是在工作」這句老生常談的後半段刪掉，改成新的說法：「做你熱愛的工作，就會超級拚命工作，工作與生活沒有區隔或任何界限，也會把所有事情都看得極爲重要。」[58]

我們的社會看待那些沒有找到使命、不熱愛自己工作的人，彷彿他們犯下某種道德錯誤似的。賈伯斯在史丹佛大學宣揚：「唯有熱愛自己的工作，方能做出偉大的成就。」社群平台 Instagram 和 LinkedIn 網站也有這樣的格言：「人生苦短，不做自己熱愛的事情多可惜。」然而，我們應該永遠熱愛自己工作，這種觀念讓我們對工作產生過高的期望。它忽略了各行各業都存在著枯燥乏味的部分，使我們看不到夢想工作可能存在的缺陷，導致工作者願意接受低於他們薪資行情的條件。

許多全職的圖書館職位要求具備圖書館資訊科學碩士學歷，這通常需要攻讀兩年時間和花費數萬美元的學費才能取得，因此，像芙巴茲這樣上進有抱負的圖書館員，進入這行時往往背負著債務。然而，能夠每天享受群書圍繞的特權，他們認爲這種交換是值得的，如同我採訪的一位圖書館員所說：「圖書館員不是培養出來的，而是天生的。」

從德拉瓦大學畢業後，芙巴茲接著在羅格斯大學攻讀碩士學位。在研究所期間，她第一次嚐到了她所謂的「這行的迷湯」(Kool-Aid)，她被教導圖書館是建立在開放與包容所有人的理念基礎上，她的教授們也稱圖書館是「最後一個眞正民主的機構」，但這些願景抱負未必能在芙巴茲的研究和生活經歷中得到驗證。

在一個以包容性自豪的領域，她看到了多元性的明顯匱乏。羅格斯大學是美國種族最多元化的大學之一，但黑人芙巴茲是班上四十名學生中僅有的兩名有色人種之一。課堂之外，她瞭解到在美國民權運動(Civil Rights Movement)期間，南方圖書館寧願關閉也不願取消種族隔離，但這些歷史事件在研究所課程中很容易被忽略不談。[59]同樣被忽略的事件還有：有些圖書館利用歧視性的身分證法規(ID laws)阻止某些公民進來。圖書館未必是他們總聲稱的民主機構，卻沒有人談論這個問題。

「在每一個領域，你都會看到理想與現實之間的差異，也會看到為了維持那個理想而必須抹除的不美好眞相。」芙巴茲告訴我。

芙巴茲從研究所畢業後的第一份工作中看到，她這個行業的缺陷不斷增加。芙巴茲的上司告訴她：「沒有人成爲圖書館員是爲了賺錢謀生的。」另有員工稱亞裔同事爲「多元化雇員」，她是整個團隊中唯一的有色人種女性。研究所畢業後暫住家裡的那段時間，當地圖書館員不讓她辦理借書證，因爲對方不相信芙巴茲住在附近。

在諮詢櫃檯的另一邊，芙巴茲看到一群經常過勞、低薪、絕大多數爲同種族的勞動人口。根據勞工統計局（Bureau of Labor Statistics）的數據，擁有碩士學位的圖書館員的時薪中位數不到三十美元，[60]每五位圖書館員當中就有四位是白人。[61]她被迫思考她過去對圖書館的印象和在圖書館工作的經驗之間的落差，爲什麼圖書館員的工作感覺和她研究所教授描述的包容性典範如此不同？

然而，每當這個行業的崇高地位開始暴露出缺陷時，芙巴茲就會提醒自己，回想當年那位不知所措的少女第一次借書的感受。圖書館讓她感覺不那麼孤單，所以她致力將這種感受傳遞給別人，她熱愛自己的工作，至少她是一直這麼告訴自己的。但時間一久，這個據稱「開放給所有人」的機構的虛僞，讓她越來越難以忍受。

「有意義的工作」一詞在書籍中的出現頻率
（1800 年— 2008 年）

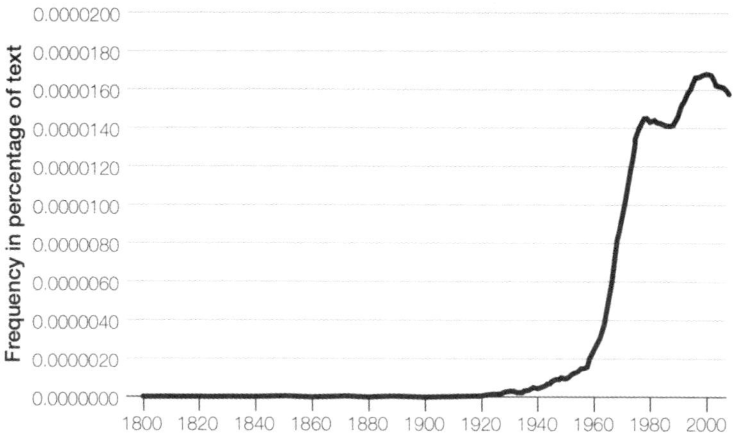

從現今角度來看，應該追隨自己熱情的觀念如此深植人心，看似不證自明，但事實未必如此。直到最近五十年，大概是從《你可以不遷就》問世以來的這段期間，「有意義的工作」（meaningful work）才成爲主流用語。[62]在此之前，滿足感是留待之後享受，就算不是等到晚年退休，至少也是等到工作者下班以後。

在廿世紀的大部分時間裡，根據福特汽車公司的政策命名的「福特主義式妥協」（Fordist compromise）說明了工作與工人之間的關係。以每天工作八小時、一週工作五天作爲交換條件，福特員工獲得了不錯的薪資、醫療保險、一些假期和退休方案。

一九四一年，法律進一步規範這些條款，當時福特公司與美國聯合汽車工會（United Auto Workers）簽署了第一份集體談判協議，確保工人的標準薪資和更大的工作保障。[63]人們同意工作是一種義務，享受需要額外付費。在經濟景氣不錯的時候，這個前提很管用，至少還算可以，然而，隨著戰後經濟榮景逐漸消退，管理層開始尋找降低成本的方法，代價卻是工人買單。

由於企業將製造業的工作崗位移到海外，國內工資停滯不前，福特主義時代的工作保障和福利開始瓦解。自一九七〇年代以來，實際工資（經過通貨膨脹調整後支付勞工的美元價值）幾乎沒有改變。[64]

紐約證券交易所主席威廉・巴頓（William Batten）一九七九年在華頓商學院（Wharton School）的一次演講中說：「由於薪資報酬不再是最重要的工作動機，管理層必須深入理解那些更難捉摸、不太明顯的因素，以增加工作滿意度。」[65]換句話說，管理層需要新的誘因來取悅員工。管理層辦到了。

如同我們稍後將會探討的更多內容，像柯達（Kodak）和IBM這樣的公司帶領潮流，將工作場所塑造成了社交活動和個人成長中心。在廿世紀後半葉，對許多美國工人來說，靈活性、個人主義和意義取代了工作保障、職場保護和集體團結的重要性。

但重新塑造工作角色的人不只有雇主，在《你可以不遷就》等書籍的推波助瀾下，工人的喜好也發生了變化。例如，一九六二年一項民調發現，僅百分之六的民眾認爲「有意義的工作」對於在職場上取得成功很重要。二十年後，這個數字增加到百分之四十九。[66]如今，有九成民眾願意少賺點錢來從事更有意義的工作。[67]

「相信工作本身是值得熱愛的，這一點變得特別重要。」勞工記者莎拉．賈菲（Sarah Jaffe）在她的著作《工作不會回報你的愛》（*Work Won't Love You Back*）中寫道：「因爲如果想起一開始工作的原因（爲了支付帳單），那麼我們可能會納悶，爲什麼工作這麼多卻賺這麼少。」[68]

對圖書館員而言，一年一度的美國圖書館學會（American Library Association）年會如同麥加，每年都有將近兩萬名圖書館員前往朝聖。二〇一七年在芝加哥舉行的年會上，芙巴茲參加了一場關於學校圖書館的座談會，而當時與會嘉賓說出一句讓她心中警鈴大作的話，因爲他告訴觀衆，擔任圖書館員是一項「神聖職責」（sacred duty）。

芙巴茲知道何謂神聖職責，她母親是長老教會的牧師。「我們使用這個詞（神聖）來談論我們的職業，我覺得似乎太誇張了。」她說：「我不明白，這個領域還有那麼多的問題，你怎麼好意思說這項工作很神聖、很崇高！」

忽略職場的不當行爲，在所謂「出於熱忱的工作」中很常見。這種認爲圖書館學是一項「神聖職責」的觀念，與鼓勵過勞的醫護人員「以病患爲重」、鼓勵資源匱乏的教師「拿你現有的東西湊合一下」、鼓勵沒有薪水的大學生「以實習賺取經驗」的哲學是一樣的。

宣傳某個職業本身是正義的訊息，讓掌權者得以將不公的待遇說成單一事件而非系統性失敗（前提是如果有人討論的話）。芙巴茲爲該現象創造了新的術語「職業敬畏」（vocational awe），並決定撰寫一篇學術論文，探討圖書館員之間普遍存在的職業敬畏問題。

在論文中，芙巴茲將職業敬畏定義爲一種信仰，即認爲像圖書館這樣的職場和機構「本質是良善、神聖的概念，所以無可非議。」換言之，這個行業的光環效應使人們看不到、或無法對其內部可能存在的問題採取行動。當職場的問題出現時，如薪酬過低、種族或性別歧視，這些會被視爲單一事件，而非系統性缺陷。

與此同時，工作表現變成取決於工作者對自己從事的工作賦予了多少意義。「職業敬畏的問題在於，把一個人的工作效能直接與他們對工作的熱情程度（或缺乏熱情程度）作連結，而不是與核心工作職責的履行連結。」芙巴茲寫道。[69]「如果描述優秀圖書館員的形容詞直接連結到奮鬥、犧牲和服從，那麼人越是爲工作而奮鬥，工作（和機構）就變得『越神聖』。」

芙巴茲於二〇一八年一月在一份小型學術期刊上發表了該篇論文，但很快就發現，這種現象不只出現在她的領域。到了年底，芙巴茲獲邀到圖書館學年會演講，並到各大學擔任客座講師。從教師到廚師、從急診室醫師到藝術家，數百人紛紛聯繫芙巴茲，分享他們行業存在的職業敬畏氛圍。尤其是來自其他慈善行業的迴響蜂擁而至，如非營利組織和公共部門，從事這些行業所帶來的「榮譽感」往往被視爲薪酬本身。

或許沒有哪個職業比動物園管理員更能說明職業敬畏的現象了。就像在圖書館工作一樣，這也是一份低薪資高工時的工作。大多數動物園管理員都有大學學歷，但平均年薪不到四萬美元。[70]這份工作性質是工作時間長、講求勞力、而且眞的需要撿屎。然而，這份工作也是大多數工作者從小就將其視爲使命的職業。

在一項重要的研究中，組織行爲研究者傑弗瑞．A．湯普森（Jeffery A. Thompson）和J．斯圖亞特．邦德森（J. Stuart Bunderson）採訪了數百位動物園管理員，瞭解他們與工作的關係。[71]他們發現，動物園管理員的使命覺醒伴隨著相當多的缺點。「使命感讓動物園管理員與工作之間的關係變得複雜，一方面培養出職業認同感、卓越的意義與職業重要性，另一方面又培養出不屈不撓的責任感、個人犧牲和高度警覺。」他們寫道。

許多動物園管理員將他們的工作視爲一種職責，類似於前一章中加爾文主義對神聖呼召的概念。因此，選擇從事其他領域的工作將不單只是一種職業選擇，而是「對那些需要自己天賦、才能和努力的人們棄之不理。」研究人員寫道。這種觀念讓動物園管理員容易受到剝削，低薪、福利不佳和惡劣的工作條件，也是各行各業的工作者爲了追隨自己熱情而必須做出的犧牲。

記者安妮．海倫．彼得森（Anne Helen Petersen）在她的書《集體倦怠》（*Can't Even: How Millennials Became the Burnout Generation.*）中寫道：「我們都被制約了，用『熱情』作爲勞動的藉口。無法把在做的事情想成只是一份工作，而不是我們生活的全部。」[72]

工作始終是一種經濟關係。正如芙巴茲的論文指出，將工作視爲其他事物，如熱情、神聖的職責，會削弱工人呼籲和實施必要改革的能力。在過去的半個世紀裡，這一點變得尤爲重要，因爲越來越多工作者將工作視爲個人而不是集體的努力。但工作從經濟穩定來源轉變爲成就感來源，也是廣泛勞動市場趨勢帶來的結果。

例如，過去五十年內，國內生產總值（GDP）增加而工資卻停滯不前，多餘的收入主要進到了執行長們的口袋。在一九六五年，執行長的薪資是普通員工的二十倍，但到二〇一五年，執行長的薪資是普通員工的兩百多倍。[73]世界最大私募股權公司之一卡萊爾集團（Carlyle Group）的共同執行長大衛·魯班斯坦（David M. Rubenstein）告訴財經媒體CNBC：「如果熱愛你的工作，那就不算是『工作』。」[74]領導人把大部分的錢都留給自己，也難怪高層會說，工作者不該爲了錢工作。

此外，過去有工會組織的行業（如製造業）的就業機會減少，而沒有工會組織的行業（如科技業）的就業機會增加。雇主們使用激發個人成就感的言語，如「改變世界！」、「找到你一生中最好的工作！」來吸引員工從事這些職務。但依然存在一個棘手的問題：因熱愛而工作是否眞的那麼糟糕？

當然，許多人熱愛自己的工作，且仍然過著幸福、平衡以及經濟穩定的生活。但是，當愛和熱情變成合理報酬、合理工時及合理福利的替代品時，工作者就會受苦。這點在具有文化聲望的行業中尤爲明顯，比如出版和時尚產業，這些行業往往仰賴那句衆所皆知的話：「門外多的是排隊等著接受你工作的人。」從無薪實習生到抱持終身職夢想的兼職教授，追隨自己熱情的人可能最終陷入加劇他們脆弱性的職位中，尤其是那些比較缺乏優勢的工作者。

「並非每個人都有相同的跳板和安全網，可以把自己的熱情轉化爲有報酬的工作。」研究工作成就感的社會學家艾琳．賽奇（Erin Cech）告訴我：「如果我們沒有提供平等的競爭環境，讓每個人都有機會追求自己的熱情所在，那麼告訴別人要追隨自己的熱情，反而會加劇不平等現象。」

在教學和護理等充滿熱情的職業中，工作者被期望「不爲錢工作」，性別和種族之間的薪資差距也被放大。同樣值得注意的是，許多這類具備熱忱的工作女性化，價值因而被貶低。二〇二一年，資歷相同的男性每賺取一美元，女性只能賺到八十三美分。[75]這種性別薪資差距對有色人種來說會更大，根據美國婦女法律中心（National Women's Law Center）的統計，黑人女性通常只會拿到白人、非西班牙裔男性同行每美元薪資中的六十三美分。[76]

根據賽奇的說法，不停追求夢想工作僅是部分原因。如果我們相信人們按照自己熱情所在來選擇職業，很容易將薪資差距歸咎於個人選擇的結果，而不承認結構性不正義（structural injustice）的事實。這種類型的「選擇掩飾」（choice washing）延續了一種錯誤觀念，即收入不平等只需要努力就能克服，而不必靠制度改革來解決。

此外，將熱情轉化為職業對大多數人來說根本無法實現。以新聞業為例，大多數初階實習和獎學金都不支付生活費。這造成一種情形，初階職位只能提供給負擔得起的年輕記者，比方說有父母幫忙補貼房租的人。追隨自己的熱情適合擁有風險管理優勢的人。正如彼得森在《集體倦怠》一書中所說：「大多數時候，熱情所帶給你的只有微薄的薪水。」[77]

不僅工作者尋找熱情所在，雇主也在尋找充滿熱情的員工。賽奇的研究發現，從星巴克到高盛集團，雇主們越來越傾向於挑選滿腔熱血的員工，即使做好份內工作未必需要熱情。賽奇表示：「咖啡師的工作是整天沖咖啡，所以期望你在工作時展現出熱情，就是超出製作咖啡範疇之外的工作負擔。」

賽奇還舉了一個例子，當地一家連鎖酒店的員工被要求在名牌空白處填上「嗨，我的名字是×××，我熱愛○○○○。」以這種方式展現熱情，相當於「微笑服務」精神。員工們不僅必須對自己的工作充滿熱情，還被要求將這種熱情展現給全世界看到。

在新冠肺炎疫情期間，許多工作場所把員工逼到極限。護理人員被要求額外加班，教育工作者被要求適應混合教學模式，餐廳工作人員被要求冒著健康風險工作。即使這些工作者被稱爲「英雄」和「必要」人員，卻鮮少得到額外的保障或補償津貼。職業敬畏感在此充分被展現出來。

圖書館員也遇到同樣情況，儘管他們懇求遠離危險，許多人還是被列爲必要工作人員。全國各地圖書館員向市府官員請願，要求關閉圖書館，並在社群平台傾訴他們的不滿。「我敢保證，芝加哥公共圖書館的工作人員都感到困惑、不安和震驚。」芝加哥圖書館員艾咪．迪格爾曼（Amy Diegelman）在 Twitter 上回應圖書館繼續開放的決定：「我們既恐懼又憤怒。」[78]

芙巴茲在新澤西所待的圖書館不僅決定繼續開放，還延長開放時間，直到州長下達行政命令強制關閉為止。[79]在圖書館關門之前，患有免疫缺陷的芙巴茲獲准居家工作，但她看到其他圖書館人員和看守人員仍被要求繼續上班。

以公共服務的名義，芙巴茲一些圖書館同事被調派到食物銀行工作，替其他必要工作人員照顧孩子。全國數千名圖書館員被迫放無薪假或遭裁員，與此同時，芙巴茲的評論工作大受歡迎，獲邀到全國各地的虛擬會議上談論職業敬畏感。

看到自己的事業起飛，她的許多同事卻遭解雇，讓芙巴茲心裡感覺有點矛盾。疫情突顯出圖書館、醫院和學校等機構仰賴他們領域認知的正義，來合理化剝削員工的情況。

同時，聘請像芙巴茲這樣的人在美國大學與研究圖書館學會（Association of College and Research Libraries, ACRL）之類的場合演講，相當於一家過勞出了名的投資銀行聘請一位工作與生活平衡大師來進行主題演講。除非這些口號得到政策改革的支持，否則提高意識能發揮的效果也是有限。

芙巴茲發現自己處於社會運動者熟悉的十字路口：該把時間投入在繼續提倡內部改革上面，還是應該退一步，從更大的規模解決職業敬畏的問題？

剛開始，芙巴茲很慶幸在歷史失業率創新高的時期，自己還有一份學術圖書館員的工作。她不僅爲此花了十幾年的時間學習和接受培訓，而且終身職提供了她大多數同行所沒有的穩定性與安全感。然而，芙巴茲想用行動來支持自己的信念，因此，二〇二〇年十二月三十一日，她寄了一封電子郵件給主管，附上辭呈。她決定辭職，離開自己的夢想工作，放棄圖書館員的職業生涯。

她告訴我：「職業敬畏感之所以如此危險，一部分是因爲它利用了許多工作者對於自己工作的熱忱，甚至使命感。機構單位仗恃著這一點，即使目前的員工離開，還是會有更多充滿熱情的工作者進來。」

芙巴茲現在回到學校唸書，準備成爲資訊學教授，她希望以學者而非從業人員的身分推動圖書館改革。學術界是另一個普遍存在職業敬畏感的領域，她沒有忘記這件事，她知道「追求知識」的更高使命感和終身職保障可能被拿來爲低薪和不公平的工作條件辯解。撰寫本文時，全國各地研究生正在發動罷工，爭取加薪、擴大醫療保險和負擔得起的住宅。芙巴茲明白這個新職涯肯定面臨各種挑戰。

她告訴我：「我不再追求夢想工作，我會睜大眼睛踏進新的領域。」

第4章

迷失自我

關於「工作等於價值」的迷思

Lose Yourself

On the myth that your work is your worth

「如果我能回到過去，給自己一段訊息，那就是再次強調我身爲藝術家的價值，並不是取決於我創造了多少。我認爲這種心態與資本主義密不可分。身爲藝術家，在藝術創作的過程中，重點是你如何以及爲何觸動他人的生命，哪怕只是打動一個人，哪怕只是感動你自己。」——艾曼達·高曼（Amanda Gorman）[80]

每週一下午，柏克萊高中（Berkeley High School）學生報《Jacket》的工作人員都會聚集在一間大教室裡，進行每週的新聞會議。那是一九九九年的秋天，當時學生流行JanSport後背包、SKECHERS運動鞋、Puka-shell貝殼項鍊。其中一位配戴貝殼項鍊的人是梅根·葛林威爾（Megan Greenwell），剛加入報社的十六歲高二生，正準備寫下她人生的第一篇章。

在週一會議上，學生編輯們會在黑板寫下對報導的想法，然後分派記者負責。學年初的某個星期一，《*Jacket*》工作人員討論了週末的一則新聞：《舊金山紀事報》（*San Francisco Chronicle*）報導一位名叫西塔·維米雷迪（Sitha Vemireddy）的十七歲少女，死於一氧化碳中毒。學生報指導老師里克·艾爾斯（Rick Ayers）告訴我：「那時候，這則消息似乎不是什麼熱門報導。」但由於死者與柏克萊高中學生的年紀相仿，據說住在離學校僅兩個街區遠，所以梅根主動要求調查此事。

她的第一站是學校註冊組。因爲是該市唯一的公立高中，大多數住在柏克萊市的青少年，尤其是住在學校附近的人，都會就讀柏克萊高中。但註冊組職員查詢維米雷迪的姓氏，沒有找到任何入學紀錄。梅根認爲事有蹊蹺。

梅根和她的新聞編輯，十七歲的伊莉安納·蒙托克（Iliana Montauk），一起開始調查這則報導。她們得知受害者是印度人，於是兩位年輕記者開始訪問校內的南亞師生以找尋線索。似乎沒人認識維米雷迪本人，不過一位老師有個想法。他懷疑維米雷迪可能被迫成爲契約奴工（indentured servant），以換取進入美國的機會，這在當時加州南亞移民社區是衆所皆知的問題。

經過兩個星期的實地採訪調查、諮詢媒體律師、甚至翹課跟蹤報導後，梅根發現到一些始料未及的大事。六十二歲房地產大亨拉基雷迪·巴利·雷迪（Lakireddy Bali Reddy）是受害者的房東兼雇主，經營現代人蛇集團。雷迪以改善生活爲幌子，說服印度社會種姓制度最低階層的年輕女性來到美國，但這些女孩一到美國，雷迪就強迫她們在既壓迫又惡劣的環境下免費工作。

一九九九年十二月十日星期五，《*The Jacket*》刊登了梅根的報導，標題是「年輕印度裔移民死於柏克萊公寓」（Young Indian Immigrant Dies in Berkeley Apartment），副標爲「南亞社區表示『契約奴工』恐是罪魁禍首」。[81] 一個月後，聯邦檢察官指控雷迪父子販賣和雇用非法移民，並讓這些年輕女孩當自己的妾室。雷迪被判處八年聯邦監獄刑期。

十六歲的梅根靠著她撰寫的第二篇文章，達成了許多記者在整個職業生涯中所追求的那種影響力。《時人》雜誌稱她爲「高中版的露薏絲·蓮恩」，[82]《早安美國》邀她上節目，專業新聞記者協會（Society of Professional Journalists）地方分會將年度記者獎（Journalist of the Year）頒給了梅根。

發表那篇報導不僅讓梅根得到讚美與認可，也賦予她一個新的身分：新聞記者。「從那之後，我就有一種感覺，『嗯，除了記者，我再也不會從事其他工作了』。」梅根告訴我：「而且我必須做到最好。」

爲了實現這個目標，梅根在很多方面都表現優異。她曾擔任哥倫比亞大學校刊主編；畢業後到《華盛頓郵報》工作，年僅二十三歲就被派去巴格達報導伊拉克戰爭；她也是報導維吉尼亞理工大學校園槍擊案，而獲得二〇〇八年普立茲新聞獎的《華盛頓郵報》團隊的一員。離開《華盛頓郵報》後，梅根繼續爲《良善雜誌》（*GOOD Magazine*）、《ESPN運動雜誌》（*ESPN The Magazine*）、《紐約雜誌》（*New York Magazine*）撰寫和編輯屢獲殊榮的專題報導，然後成爲高人氣體育部落格Deadspin的第一位女性主編。接下Deadspin主編工作幾個月後，她在Podcast節目《*Longform*》上說：「感覺眞的很恐怖，也很有壓力，但我非常喜歡這份工作。即使是壓力也讓人精神振奮。」[83]

然而，這股樂觀情緒並沒有維持太久。在梅根接下主編職位十四個月後，Deadspin的母公司G／O傳媒（G/O Media）被私募股權公司Great Hill Partners收購。收購後兩週內，Deadspin的新領導層解僱了二十五名員工，管理層試圖推行著裝規範和規定員工必須待在辦公桌前的時間。梅根和公司內其他幾位女性主管被逼離職，並由白人男性取而代之。[84]

看到她領導的新聞編輯部遭到新的管理層破壞，讓梅根意志消沉。離開公司後，梅根在一篇措辭尖銳的文章中寫道：「數位媒體的悲劇不是因爲由無情、唯利是圖、不適任的傢伙所經營。而是那些自稱專家的人對於如何賺錢的知識遠不如底下的員工，而他們卻不願聽取員工的建議。」[85]

繼Deadspin之後，二〇一九年夏天，梅根受聘擔任《連線》雜誌的網站主編，這可說是她職業生涯中的第六份夢想工作。可是這個列於版權頁頂端的位置，讓梅根察覺到有些不對勁。她的工作時間沒有特別長，或至少沒有比之前的工時更長，但她回到家卻感覺自己像是「空有軀殼的人」。不是因爲工作太多，梅根告訴我：「而是因爲即使不工作，我也閒不下來。」

二〇二〇年底，《連線》雜誌總編輯尼古拉斯．湯普森（Nicholas Thompson）跳槽到《大西洋月刊》。在雜誌社物色人選期間，由梅根暫時代理總編。雖然梅根有望獲得這個職位，但內心一部分又害怕公司眞的把這個職位交給她，她已經身心俱疲。編輯文章曾是梅根在開完一整天會議後所享受的樂趣，現在卻不再讓她感到興奮。她經常夢到關於自己工作的壓力夢。她的丈夫是醫生、公共衛生研究員，本身也是工作主義者，他開始擔心梅根的狀況。除此之外，梅根年邁的父親最近被診斷出患有腎病，而疫情正在席捲全球。所以，二〇二一年四月，在接下《連線》雜誌工作不到一年時間，她決定讓自己休息一下。

她寫了一封電子郵件給《連線》雜誌的同事和康泰納仕集團的主管們後，康泰納仕最受人敬重的內容長安娜．溫圖（Anna Wintour）問她是否能做些什麼說服梅根留下。梅根受寵若驚，但在內心深處，她知道任何薪資或角色變化都無法消除自己的倦怠，她婉言謝絕溫圖的提議。三十七歲，在這個競爭激烈、男性主導的領域，一路爬到巔峰之後，梅根選擇從企業升遷的階梯上走下來。

然而，辭去工作對梅根來說算是容易的環節，較困難的任務是弄清楚自己在工作之外是什麼人。二十年來，她的腦海裡總是在醞釀文章，她的生活遵循著新聞業的節奏；編輯們給她設定截稿期限，等她當上編輯之後，換梅根給她員工設定截稿期限。她的朋友多半是新聞工作者。過去在正職工作之餘，她擔任普林斯頓暑期新聞寫作課程的志工主任，這是專爲低收入高中生舉辦的新聞研習密集課程。新聞業不僅是她的生計，也是她的生活。

離開《連線》雜誌幾週後，梅根跟我說：「我總是以工作定義自己，這表示這次的轉變會比我預期還要困難許多。我很迷惘，因爲我不知道自己是誰。」

心理學家使用「糾結」（enmeshment）一詞形容一個人的人際關係界限變

得模糊。糾結會阻礙一個人發展獨立的自我，因為他們的個人界限可滲透且不明確。想像一個孩子的自我價值與父母的認可密不可分，或者想像一對非常依賴彼此的夫婦，所以誰都無法在未徵詢對方意見的情況下做出決定。如同許多抱負不凡的專業人士一樣，梅根不是與另一個人的關係糾結，而是與她事業的關係糾結。

我們不是生下來就有個固定身分，而是經年累月建立起來的。我們關於自我塑造的大部分理論源自於德國精神分析學家愛利克·艾瑞克森（Erik Erikson），他可能是廿世紀最傑出的發展心理學家。艾瑞克森認為，人在生命的各個階段逐步建立起身分，其中一個關鍵階段是青春期。我們的青少年時期充滿不穩定性，會經歷身體成長、性成熟，並面臨重要的生活和職業選擇。根據艾瑞克森的說法，我們在這個關鍵階段鞏固自己的身分，以應對周圍所有的變化。

他在其最知名的著作《童年與社會》（*Childhood and Society*）中寫道：「這

種身分感提供了一種體驗自我的能力，使人感受到自己的身分是延續且一致的，並依據身分採取相應行動。」[86]青少年可能會過度認同他們最喜歡的名人，或加入小團體，透過排擠他人獲得認同感。隨著年齡增長，我們繼續選擇身分作爲安定的來源。對梅根而言，情況確實如此。

在梅根成長的過程中，她的父母都是裝潢承包商，父親從事地板工程，母親從事窗簾訂製。從幼兒園到高中，梅根和妹妹前前後後換過八所學校，因爲父母親爲了找到穩定客源，全家經常在西岸搬來搬去。梅根說她有一點強迫性人格，在青少年時期的不同階段樂於參與各種活動。小學一、二年級，她參加全國作文比賽，中學時熱衷於音樂劇，八年級時成了爭強好勝的擊劍手，「我非常追求外在的成就與認可。」她告訴我。新聞業是一個持續提供緊迫感、競爭和認可的職業，非常適合梅根。

在艾瑞克森最著名的其中一項研究中，他訪問了從二戰歸來的退伍軍人，如同梅根離開《連線》雜誌一樣，這些士兵在完成任務後，不得不重新思考自己在世界上的位置。多年來，他們一直以士兵身分自居，他們知道在指揮系統下，他們的角色和任務很明確，但這些消失後讓他們變得動盪不安。艾瑞克森創了

「身分危機」（identity crisis）一詞來描述退伍軍人的經驗，這是一段由於失去了自我認同的關鍵部分而引起的不穩定和不安全感時期。

我為本書訪問過多位充滿抱負的專業人士，不少人都經歷過身分危機。前職業足球運動員崔維斯．坎特羅（Travis Cantrell）決定從他熱愛的足球運動退役時，感覺好像不得不「關掉自己的一部分」。艾莉絲．華爾頓（Alice Walton）是一家新創公司的員工，在疫情剛開始時，她與半數同事都遭解僱，她告訴我，即使被解僱不是自己的錯，還是「很難不覺得自己在某方面失敗了」。

影音製作人伊薩．法克斯（Ezra Fox）在一家公司工作了七年，後來遇公司重組而遭裁員，他跟我說：「當你從外界得到的訊息與你生活的核心敘事不符時，心裡會很難接受。」伊薩一直以為自己很成功，多年來的好成績和升遷也不斷強化這個敘事。但被解雇引發他的內心反思，他無法將自己「成功」的故事與剛剛失業的人連結起來。

社會科學家亞瑟．布魯克斯（Arthur Brooks）認為，我們擅長為自己人生的敘事弧線（narrative arc）賦予意義，但如果情節改變的話，我們往往沒有能力反應。[87]諸如退休、休假或一輪大規模裁員等改變情節的突發事件，考驗著我們的修復力（resilience）。我們需要修改劇本，有時甚至得完全拋掉舊的劇本，但這些突發事件也提供我們一個從頭開啟新劇本的機會。

也許沒有哪個群體比慢性病患者更能體現改寫劇本的潛力。慢性病往往難以預期或控制，有些時候，你可能醒來精神飽滿，但有時可能連從床上起身的力量都沒有。像梅根這樣傾向用生產力來衡量自我價值的人，可以從那些不能時時掌控自己生產力的人身上學到很多。

以莉茲·艾倫（Liz Allen）爲例。莉茲從小是個優秀的游泳健將，在大學期間，她以甲組運動員資格參加游泳和水球競賽，但在升大二前的那年暑假，她染上了萊姆病（Lyme disease）。幾個月內，莉茲從每天游泳四個小時變成在老家臥床，母親用湯匙餵她喝雞湯。

萊姆病引發了莉茲的其他併發症，包含慢性疲勞和偏頭痛等問題。但經過一段時間，她的身體狀況慢慢好轉。大學畢業後，她在科羅拉多州的一所中學找到一份六年級科學課的教職。她很喜歡這份工作，願意早出晚歸。

但在教學生涯的第三年，長時間的教學和壓力使她原本就比較敏感的免疫系統惡化。她不得不辭去感覺是天職的教學工作，因爲一整天待在教室裡已令她體力不堪負荷。與自己選擇辭職的梅根不同，莉茲決定放棄工作並不是她的選擇。

「當你開始以我這樣的速度失去『我是』聲明時，繼續前進變得更加可怕。」莉茲告訴我。但她堅持下來了，莉茲在網路上找到一群不讓慢性病定義自己的人，並學到如何不根據自己的產出創造新的「我是」聲明。她會告訴自己：「我是慷慨奉獻時間的人，我是充滿愛心的人，我是個好的聽衆。」她開始根據她的長久特質來定義自己，而不是根據她的工作能力。

她告訴我：「當你跌到谷底，無法以社會所期望和資本主義所要求的那樣表現或貢獻時，你會環顧四周，然後問：『我還有價值嗎？』」但在殘疾人士社群的幫助下，莉茲能夠在她的產出之外建立其他價值支柱。因此，卽使有一根支柱倒塌，她的基礎仍然保持穩固。

或許最具美國風格的「我是」標籤是「生產者」。評估工作者的標準是生產力，評估公司的標準是成長，國家經濟體質則以國內生產毛額（GDP）爲衡量標準。我們稱讚那些所謂「有生產力的社會成員」，把那些依賴社會福利的人稱爲「福利女王」（welfare queens）和「白吃白喝者」（freeloaders）。然而，不僅是國家或雇主將這種價值體系灌輸給我們，以生產力衡量價值也是我們灌輸給自己的標準，許多美國人已經將主導經濟體系的資本主義價值觀內化。

■

從十二世紀到十五世紀，歐洲實施封建經濟制度。在鄉村，領主將土地出租給農民，交換條件是農民在這裡耕作和生活。繳交租金後，農民會出售收成中剩餘的部分。在城鎮，各行各業組成嚴格階層結構的行會，只有男性可以入會，而且只有鐵匠或麵包師傅等大師級工匠才能負責生產。

行會的目的是盡量減少競爭。例如，透過限制城鎮的麵包師傅數量，行會可以確保麵包不會因供過於求而導致價格下跌。幾個世紀以來，經濟維持地方性，對外貿易很少。但這一切在十六世紀初開始發生了變化。

一五〇〇年代初期，出現了商業資本家這個新職業。商人們靠低價購買外國商品，然後以高價賣給歐洲貴族，賺取豐厚的利潤。他們說服工匠將商品賣給他們，然後到不同城鎮尋找最佳價格，這表示工匠們現在要開始與當地以外的其他同行競爭。價格開始由市場來主導，而不是行會，行會因此瓦解。

一開始，商人只是將生產者與消費者連接起來，但隨著他們的勢力強大，開始對商品的生產過程有了發言權。商人提前向工匠下訂單，提供原物料給工匠，最後支付工資給工匠。他們不再只是像商人那樣透過貿易賺錢，而是像資本家那樣，透過掌控生產手段獲取財富。對於工作者來說，這意味著失去了很大的自主權，任何當過員工的人都會明白。

當價格固定且客戶都是當地人時，工人只要生產和銷售他們所需的東西。由於大部分工作都在戶外進行，工作時間由太陽控制，工作繁忙程度也隨著季節變化。然而，在資本主義的世界裡，工作由擁有資本的人所控制，有產階級（the ownership）能夠降低更多的生產成本，日後就能獲得更多的利潤，於是資本家受到激勵，要求工人拿更少的錢做更多的事。工人通常沒有財富可以投資他們工作所仰賴的設備和工具，只能屈服於支付他們薪資的人。工作者的價値只在於他們能夠生產的事物。

在十八、十九世紀，科技進步使世界從以手工藝和農場畜牧爲主的經濟，轉成以製造業和工廠爲主的經濟。工人們走出市場和田地，走入將工作拆解成重複性任務的生產線。正如馬克思（Karl Marx）所提出的理論，工業化資本主義下的勞動使工人與他們工作的產品疏遠。[88]工人們不再爲當地社區製造商品，他們製造的商品被運到他們看不到的地方。馬克思認爲，這種工業化的勞動不僅使工人與他們生產的東西疏遠，也使他們與人性疏遠，與建構自己的社群和身分疏遠。

在現今經濟中，疏遠呈現出不同的形式。二〇一七年，美國公共衛生局局長韋維克．莫西（Vivek Murthy）認爲孤獨是公共健康危機。他在《哈佛商業評論》（Harvard Business Review）中寫道：「我們生活在文明史上科技聯繫最發達的時代，但自一九八〇年代以來，孤獨感的比例卻增加了一倍。」[89]美國人會如此孤獨，原因很多。首先，許多工作者，如同梅根的父母，爲尋找更好的工作機會，離開了自己的家鄉和社群。再加上社交團體和宗教團體的衰退，你會發現，正如莫西繼續解釋的那樣，工作已經成爲許多美國人的主要社交圈。

顯然，依賴單一機構來滿足我們生活中的多重角色具有風險。影音製片人伊薩告訴我：「關於我的工作，我眞的把很多雞蛋放在這個籃子裡。基本上可以說，這是我的社交生活、我的使命感、也是我養活自己和家人的方式，但別人隨時可以把這一切從我身邊帶走。」

我能理解。我從事過的所有領域：廣告、科技、新聞和設計，都不是只要打卡下班的行業，下班後總是有聚會或需要回覆的工作短訊。這並不全是壞事，我眞心喜歡和同事們相處，我也交到了眞正的朋友。

但我也看到了以工作爲重心過生活的風險。在和同事以外的人很少交流的幾天之後，但凡收到一個批評性回饋，就會讓我覺得自己很失敗。我看到我的同事們，將整個生活都圍繞在工作上面，直到公司陷入困境而遭解雇。我看到了把自己命運交給一個以利潤爲動力的機構所帶來的風險。

當然，員工認同工作，對雇主來說是好事。不勝枚舉的研究已經證明，員工的「職業認同感」（occupational identity）越高，員工的留任率、生產力及工作時間都會隨之提高。[90] 共享辦公室「WeWork」的共同創辦人亞當·諾伊曼

（Adam Neumann）在二〇一七年全球科技新創盛會（TechCrunch Disrupt）上告訴觀衆：「就是那種社群感，周圍都是志同道合的人，加入一個超越自己的更大團隊，激勵人們更努力工作、花更多時間在工作上面，並且享受其中。」[91] 但是，靈性研究者卡斯柏·特奎勒告訴我：「我認爲人不可能完全與有能力解僱你的人建立眞正的社群關係。」正如伊薩所說的，把我們的身分雞蛋全部放在同一個職業籃子裡很危險，尤其是當籃子有破洞時。

■

心理學家珍娜·柯雷茨（Janna Koretz）專門幫助從事高壓工作的人，她發現，越來越多的當事人「欺騙自己」，認爲他們的價值只取決於他們的產出。柯雷茨的當事人往往像梅根那樣，是各項目都達標的人才，他們在校成績優異、努力工作、事業高升，卻仍然會問自己：「就這樣了嗎？」柯雷茨認爲，許多當事人之所以會有這種不確定的失落感，是因爲他們成年後過於專注升遷，一旦沒有目標可追求，這些人就會感到不知所措。

在這種情況下，美國的工作文化往往延續了一個「是雞生蛋還是蛋生雞」的問題：人一直在工作，所以不工作時不知道該做什麼；因爲不知道不工作時該做什麼，所以就一直在工作。我們看待週末，彷彿它與我們的生活無關，而不是生活的一部分。卽使是我們經常用來形容休息的說法，像是「拔掉插頭」、「重新充電」也預設了休息只是回到工作崗位的前提。

爲了擺脫這種循環，柯雷茨建議兩種作法。第一種是刻意爲非工作時間留出空間。猶太人每週禁止工作的安息日，拉比亞伯拉罕·約書亞·赫舍爾（Abraham Joshua Heschel）稱之爲「時間的教堂」（cathedral in time）。[92]同樣地，柯雷茨建議像在神聖的空間周圍建造聖殿（如寺廟、淸眞寺或教堂）一樣，也在神聖的時間周圍建造聖殿。

時間聖殿可以有很多形式，每天一小時將手機設成飛航模式、每週與朋友參加嗜好活動……無論什麼方式或什麼時候，柯雷茨認爲重要的是指定一段不能工作的時間，例如，去教堂或上瑜伽課的好處之一就是在那裡不可能工作。雖然我們許多人有意減少工作，但除非我們積極空出時間不工作，否則工作仍會不知不覺滲入生活。

柯雷茨還建議嘗試扮演不同身分。爲了建立更有彈性的自我感，她認爲我們必須積極投資自己的非工作身分，簡單來說，如果我們想了解工作之外的自己是誰，必須做一些與工作無關的事情。根據柯雷茨的說法，發展工作之外的自我感，首先要允許自己嘗試新的事物，並且不強求「做到好」。她說：「我見過很多雄心勃勃的人，當他們考慮在工作之外投入時間時，經常想到報名馬拉松，但那只會加重疲勞。我建議大家從小處做起；先出去跑個步就好，怎麼樣？」

目標明確的嗜好，像報名馬拉松比賽或者一年內讀完一定數量的書，可以爲工作之外的事情提供責任感。但爲目標努力仍然帶有一種進步的思考框架，基本上還是涉及到工作概念。並不是說這類嗜好不好，但我不禁思考，在所有量化的野心中，我們是否忽略了我們兒時都明白的智慧：玩樂的喜悅。

玩樂是對工作主義的天然解毒劑。玩樂不重視效用，而是強調好奇心和驚奇，玩樂不在乎「更好」，只在乎我們當下的體驗。像休息一樣，玩樂也可以成爲恢復活力的來源。我們周圍到處都有玩樂的機會，在藝術領域，有手工藝創作；在音樂領域，有即興演奏。我個人最喜歡跳舞，在婚禮的舞池上，我能感受到孩子在遊戲場上的熱情。玩樂幫助我們記得，我們存在的目的不只是生產。

幾年前，梅根和妹妹坐在奧勒岡海岸的沙灘上，妹妹問了一句：「在專業上取得成就是什麼感覺？」這個問題讓梅根措手不及，她從來沒有眞的認爲自己在專業領域有所成就。她告訴我，直到二〇一七年，也就是在獲得第一座新聞獎將近二十年後，她才第一次感覺到，卽使失去工作，她也能找到另一份工作。當然，她知道自己取得了一些成就，但並不覺得那有成就感。身爲眞正的新聞工作者，梅根用自己的問題回答她妹妹：「那擁有一個與謀生工作無關的身分是什麼感覺？」

梅根承認她很羨慕妹妹，她妹妹在一家信用評級機構從事行銷工作，收入頗豐，傍晚五點下班，有自己的嗜好和不是同事的朋友。「她的工作總是讓我無比羨慕，就像成爲NBA球員一樣讓我深感羨慕，是我永遠無法過的生活。」梅根告訴我。但梅根渴望的不是她妹妹的工作，吸引她的是妹妹與工作的關係。卽使離開《連線》雜誌之後，梅根自己決定暫停工作一陣子，但她發現她對職業身分的依戀很難說放就放。

一個月的休息期間，梅根意識到她的問題比她的工作內容更爲嚴重。「過去一個月讓我淸楚知道，實際上我和工作之間的關係存在著更根本、不健康的問題。」如同莉茲，梅根必須教自己不要把自己是誰和自己的工作混爲一談。「這是既困難又重要的事情。」

「匿名戒酒會」（Alcoholics Anonymous）的刊物中有一句話：你不能靠思考來改善行動，你必須藉行動來改善思考。[93]找出工作之外的自我是種練習，需要放下控制、驗證和以工作爲中心的舒適圈，以便面對一個難題：沒有工作時，你究竟是誰？

對梅根來說，這個問題仍然不容易回答。梅根決定休息時，她身上有存款，另一半仍有全職工作，所以她有充足的資源不用急著回到工作崗位。但在休息的前幾個月裡，每次她開始放鬆，就會覺得需要有所成果，不是在想下一步該做什麼，就是在寫新書提案；而每次開始工作時，她又因爲自己沒有好好放鬆到而感到內疚。

她到卡茨吉爾山（Catskills）散步，想要淨空腦袋，卻總是不自覺發現自己在思考要投稿的專題報導或新媒體商業模式。這是現今工作者經常碰到的惡性循環，在一個推崇副業和職涯發展的文化中，有種感覺，你如果不進步，就會落後。

在某個刮著大風的二月早晨，我來到布魯克林，在梅根位於威廉斯堡（Williamsburg）家附近的一間咖啡廳與她見面。自從九個月前離開全職工作以來，梅根現在的工作時間變得非常靈活，其中一個好處是能夠在星期一上午十一點外出喝咖啡。那天早上，美國東北部是斜風細雨、雪落地即化成泥的天氣，所以我們拿著熱飲走進透明座位區，彷彿置身於超大塑膠傘之下。牙齒打著冷顫，嘴裡冒著白煙，我問她休息這段時間是否有任何重大的改變。

她說：「這段時間並沒有迫使我發展出工作之外的新身分，休息未必能促使我發展出新的嗜好或發現自己新的一面。」聽起來有點出乎意料。梅根過去一年的頭條消息本來應該是「媒體高層主管克服倦怠感，從旅途中找回自己；即將出版回憶錄」，結果相反，在布魯克林一個封閉式小空間裡，梅根沒有分享關於突然飛到峇里島或平日獨自去大都會博物館的故事，我反而聽到了一位以目標爲導向的專業人士的心聲，她仍然在糾結工作在她生活中應該扮演的角色。

「我眞的喜歡工作。我喜歡我的工作，但我眞的想知道，我一直工作的動機到底有多少程度是因爲眞的喜歡工作，又有多少程度是因爲我不知道自己還能做些什麼。」她邊說，邊凝視外面的街道，臉頰因冬日的寒冷而泛紅。

梅根之所以如此勤奮工作，部份動機出自於金錢，不過，梅根以「不合理」來形容這個關係。她有一份令人印象深刻的履歷、廣泛的人脈、以及一位支持她並提供健康保險的伴侶。但就像許多年紀較大的千禧世代一樣，她在二十年的職業生涯中也親眼目睹了自己所在產業和美國經濟的不穩定性。她看到了父母的工作機會是如何影響她和妹妹的居住地和聖誕樹下的禮物數量。她的工作道德感至少有一部分出自於她對自己就業能力的不確定性，儘管這種不確定性可能不合理。卽使在自我休假期間，工作仍然是她看待世界的主要視角。

我問梅根現在是否想找另一份工作。「不想。」她幾乎反射性回答。「這個嘛，雖然現在不想，但有一份具體工作的話，我想也會很有意思。」她笑著繼續說道。從她的聲音中，我可以聽到我自己也糾結過的緊張感：我明白我們比我們的工作重要，但同時又渴望找到一份能幫助我們實現自我的工作。

梅根離開《連線》雜誌已經九個月，但新聞業仍是她生活的核心。她依然渴望有朝一日能領導另一個新聞團隊，她仍然迷戀於閱讀長篇報導、商業模式和吸引更多女性進入編輯領導層的策略。但是，或許這是她自高二爲學生報紙撰稿以來，第一次這麼長時間放慢腳步，也從其他方面找到了價值。

我們兩人坐在公園，手指插在口袋裡取暖，梅根告訴我，去年秋天，她父親住進安寧病房，沒工作的這段期間，讓她能夠好好陪伴他；她說，父親去世後，她一手爲十幾個家人準備感恩節大餐；她說，過去九個月，她成爲了比成年後任何時期的自己都更好的朋友，因爲「生活不再只圍繞著工作」。

她的語氣帶著驕傲：「我在平衡方面做得更好了，我學會如何關掉工作思維。」

第 5 章

工作關係

關於「把公司當家」的迷思

Working Relationships

On the myth that a workplace can be family

「對付有組織的貪婪，唯一有效辦法就是有組織的勞工。」——湯瑪斯·杜諾惠（Thomas Donahue）[94]

泰勒·摩爾（Taylor Moore）看起來像個年輕版的聖誕老人。蓬亂大鬍、體格方正，是那種不需要鼓舞就能在營火旁講起故事的人。「我是吹牛專家。」他在疫情期間某個星期天下午跟我說：「我不太相信占星，但如果談到個性，我絕對是個火象星座。」

泰勒擁有鬥牛犬般的決心，這種特質在他漂泊的職業生涯中很有幫助。他來自阿拉巴馬州西部的小城鎮費耶特（Fayette），在南方各地渡過了青春時光，當過酒保、小學輔導員、還在伯明罕幾支樂隊裡彈過斑鳩琴和吉他。到了二十幾歲，他覺得如果再不「大膽嘗試一下」，可能這一輩子就這樣待在伯明罕，安逸過日子，卻沒有做什麼有意義的事。於是二〇〇六年，他賣掉自己的車，買了一張去紐約市的單程機票。

剛到紐約的前面幾年，泰勒接受任何他能得到的工作。他當過遛狗員、酒保、臨時人員、獨立電影的製片助理，還到紐約上東區一戶人家擔任保姆。但這些工作一直都是支持他發展副業的手段。他利用晚上和週末到UCB劇院（Upright Citizens Brigade）做即興表演，在他位於貝德福德－史岱文森地區（Bedford-Stuyvesant）的公寓小房間裡搭建的臨時工作室錄製Podcast節目。

後來泰勒照顧的那戶人家不再需要托育服務，一位朋友介紹他到群眾募資網站「Kickstarter」，一家成立三年的曼哈頓新創公司，專門幫助藝術家爲自己的創意計畫募集資金。該公司的使命引起獨立創作者泰勒的共鳴。透過群眾募資Kickstarter使藝術家能夠繞過傳統的守門員（gatekeepers）和潮流創造者。此外，比起成立一家傳統科技公司，Kickstarter的創始人似乎對發起一場文化運動更感興趣。「去X的單一文化」（Fuck the monoculture）成了這家新創公司的口號。泰勒深受吸引。

如同二〇〇〇年代初許多年輕企業家一樣，Kickstarter創始人也懷抱改變世界的宏偉夢想，他們從一開始就明確表示，他們不希望Kickstarter與其他公司一樣。創始人發誓絕不出售公司，並以他們協助實現的創意計畫數量來衡量成功，而非以利潤的大小。[95]他們要求員工支持公司使命，這意味著接受低於市場價格的薪資，並放棄往往能吸引人才冒險加入新創公司的員工認股權。而作爲回報的是，員工可以在一家有社會使命的公司工作，與價值觀相似的同事共事。

創始人在二〇一五年進一步鞏固他們的非常規作法，將公司重新改制爲「公益企業」（public benefit corporation，又稱爲B型企業 B Corp），這個法律稱呼要求公司領導層不僅要考慮股東的利益，也必須考慮其決策對社會的影響。Kickstarter 承諾將其盈餘的百分之五用於藝術教育和對抗制度不公的組織，同時仍然是一家營利性公司。[96]公司高層告訴員工和媒體，他們希望公司更像是有良知的人，而不是一家只關心賺錢的企業。不出所料，該公司創造性、以價值觀爲考量的文化，吸引來大批創意十足、同樣重視價值觀的人才加入。他們經常雇用像泰勒這樣兼職從事藝術創作的人。

二〇一二年，泰勒加入 Kickstarter 擔任接待員。從各方面來看，他就像公司的門面，他爲訪客開門，歡迎他們進入位於一棟翻新老舊公寓頂樓的開放式辦公室。每週一次，泰勒會拿著公司的信用卡，到當地酒吧爲歡樂暢飲時光（happy hours）買單；他在辦公室舉辦午夜電影俱樂部，員工們喝著尼格羅尼（Negroni）雞尾酒，觀看邪典電影；他每週都會參加 Kickstarter 的《龍與地下城》(*Dungeons and Dragons*)桌遊，公司的兩位創始人陳佩里(Perry Chen)和楊希・史崔克勒(Yancey Strickler)是固定班底。Kickstarter成爲泰勒的社交圈中心，同事不僅是同事，還是朋友、樂團成員、戀人和政治夥伴。根據我採訪過幾位早期員工的說法，Kickstarter早期感覺不像一家公司，比較像一個家庭，這種風氣在關係緊密的新創公司中很常見。

一些公司明確表示他們希望培養家庭式企業文化，比如英國開發商Ustwo。該公司的「文化宣言」中寫道：「我們的重點是致力於建立我們所謂的『家庭式企業』(fampany)，一間讓人感覺像家的公司。」[97] Airbnb的員工互稱對方爲「Airfam」；賽富時(Salesforce)用夏威夷語「OHANA」定義自家的企業文化，意思是「選中的家人」。[98]但在Kickstarter，建立一個家庭式企業文化向來不是創始人的明確目標，員工經常一起玩是因爲喜歡彼此的陪伴，而不是因爲他們不得不如此。

儘管如此，一種類似家庭的企業文化還是出現了，根據高人氣職業諮詢部落格「問問經理」(Ask a Manager)創辦人艾莉森・葛林(Alison Green)的說法，這對員工而言可能是一把雙面刃。葛林告訴我：「聲稱職場像家一樣的企業文化，幾乎從來不會對員工有利。這通常意味著，你將被期望在工時過長、工作量過大和薪資過低的情況下工作。如果對這些事情提出任何異議，就會被直接或間接告知，你不是這個家庭的一員。」

無論一家公司的員工或高層是否表示他們就像一個家庭，這種情感永遠不可能是眞的，因爲家庭和企業的目標根本不同。當公司說他們像一個家庭時，通常是指他們關心自家員工。然而，家庭關係是無條件的，任意僱用則不然，對生意的忠誠總是優先於對員工的忠誠。公司和家庭的共同之處是，都有一種微妙的權力關係，泰勒到最後才以慘痛的方式學到這個教訓。

從表面來看，關係緊密的辦公室文化似乎是件好事。研究顯示，在工作中有朋友的人更快樂且更健康。蓋洛普（Gallup）的一項研究發現，在工作中有最好朋友的人投入工作的機率，是沒有最好朋友的七倍。[99]亦有報導指出，在工作上有朋友的員工，其生產力、留任率和工作滿意度更高。[100]

企業雇主們當然已經注意到這一點。許多公司透過團隊訓練、免費餐飲和歡樂時光等方式，積極培養同事間的情誼和夥伴感。社交和業餘活動可以幫助某些員工形成歸屬感，而這種歸屬感已經證實對公司利潤有正面的影響。職場輔導新創公司 BetterUp 有項研究發現，職場歸屬感可使工作績效提高百分之五十六，離職風險降低百分之五十，員工病假天數減少百分之七十五。[101]

然而，對員工來說，把職場當成他們的主要社交圈通常令人擔憂。雖然在辦公室裡有朋友的員工通常表現得更好，但研究指出，他們也更容易情緒疲勞和避免衝突。在論文《沒有利益糾葛的朋友：了解職場友誼的黑暗面》（*Friends without Benefits: Understanding the Dark Sides of Workplace Friendship*）中，華頓商學院研究員南希．羅斯巴德（Nancy Rothbard）和茱莉安娜．皮勒默（Julianna Pillemer）解釋了友誼的一些定義特徵（defining features）如何與組織的定義特徵產生衝突。

在友誼中，角色是非正式的，關係本質是社交性和情感性。然而，在工作關係中，角色是正式的，關係的功能是促進企業目標。比方說，如果員工批評一位同事的工作，而該同事剛好是朋友，摩擦可能就此產生。

研究人員也發現，員工間關係密切的工作場所可能會抑制組織的知識分享，因爲訊息是透過社交關係的紐帶傳遞，而不是每個人都看得到的公開管道。同樣地，充滿朋友的工作場所會降低團隊考量複雜決策的嚴謹性，因爲朋友可能更重視同伴的意見而不是嚴謹的分析。[102]

舊金山大學心理學家賽拉．康恩（Saera Khan）進行的一系列研究發現，在關係緊密的工作場所，員工更有可能對不當行爲保持沉默。在一項受新創公司 Theranos 的眞實醜聞啟發的研究裡，研究人員要求參與者想像他們在生技新創公司工作，其中一位同事誇大了產品的功效，而且沒有打算停止這種行爲。研究人員根據公司是家庭氛圍還是專業氛圍，改變他們對情境的描述。如果職場更像家庭，參與者舉報不當行爲的可能性更低。[103]

康恩告訴我：「當你將一個群體看作一個有凝聚性的完整單位時（即一個家庭的樣子），要打破這個單位，也就是揭露不當行爲，眞的很難。因爲你正在破壞一個健康、快樂且表現良好的家庭形象。」

需要強調一點，工作上的友誼確實帶來不可否認的好處，但並非全是正面的。羅斯巴德和皮勒默建議在工作中架設維護友誼的護欄，比方說：就何時談論非工作話題達成共識；制定業務決策時徵求外部觀點，避免團體思維。然而，在實踐方面，朋友和同事之間的界限很難劃分，尤其是在像 Kickstarter 這樣以樂趣和夥伴關係文化爲基礎的公司。

Kickstarter 員工見識到極端社交文化的好處與壞處。員工們經常待到很晚，在辦公室聽一場下班後的音樂會，或者參加該平台某位創作者的藝術展。公司成立初期，管理層和普通員工之間沒有太大區別，他們一同參加桌遊之夜、一起享受暢飲歡樂時光。當然，偶爾也會有管理失誤的情況，例如有一次，執行長陳佩里雇用幾位演員，扮演成恐龍的樣子，在辦公室內走來走去一個星期，試圖替工作場所注入一些古怪的趣味。[104]（結果幾位員工罷工抗議）但整體而言，這時候的 Kickstarter 正值發展階段，非正式的職場文化是一項資產。

當公司經營順利時，工作和娛樂之間界限模糊所帶來的影響可能無傷大雅，比如在走廊上尷尬的互動，或者不確定下班後的活動是自由參加還是強制出席。但當公司陷入困境時，社交關係可能隨著經濟壓力不斷增加而出現裂痕。

「身爲人類，我們不想要物質關係，我們想要社交關係。」泰勒告訴我：「當辦公室將自己定位爲社交關係的仲裁者和源頭時，我們會想『不要挑剔別人送的禮物』。但當事情開始出錯，表象就會裂開。」因爲在友誼和夥伴的表象下隱藏著眞正重要的東西：錢與權。

二〇一八年八月中旬，Kickstarter 信任與安全團隊（Trust and Safety team，負責維護平台的秩序）注意到有使用者舉報了一個提倡暴力的計畫。這種情況相當常見：任何擁有 Kickstarter 帳戶的用戶都可以舉報集資計畫，由信任與安全團隊進行審查。爭議性的集資計畫名爲《永遠揍爆納粹》（*Always Punch Nazis*），是一部關於美國反對種族主義的諷刺幽默漫畫，主角是一群超級英雄，你猜中了，就是專門打擊納粹的超級英雄。[105]這部漫畫的諷刺意味鮮明，頁面充斥著你可能預期圖像小說會有的各種「砰」、「咻」等誇張效果。

當時，Kickstarter 的反暴力政策規定，「向上打擊」（punches up）位高權重者的諷刺性暴力是可以接受的，而「往下打壓」（punches down）的暴力，例如當權者針對受壓迫群體的打壓則不被允許。於是信任與安全團隊裁定，這項集資計畫可以保留在平台上。接著，右派新聞網站布萊巴特新聞（Breitbart）發表一篇報導，指責 Kickstarter 保留「煽動暴力的計畫」。[106] 接下來一週，Kickstarter 管理層悄悄推翻了信任與安全團隊的決定，並下令將該計畫撤下。

信任與安全團隊自己制定的政策，他們自己最清楚。作爲公司裡員工最多元化的團隊，他們特別關注政策可能對弱勢族群創作者造成的影響。他們想知道爲什麼以白人主導的管理團隊決定撤下這項計畫。該計畫違反了什麼政策？爲什麼公司似乎屈服於布萊巴特新聞的壓力？

團隊中一位資深成員約了她的朋友兼同事艾咪（Amy）出去喝咖啡，她想告訴艾咪管理層如何推翻她們團隊的決策。身爲軟體工程師，艾咪在科技產業的職位階級相對穩定，所以她承諾會嘗試做點什麼。她選擇在公司的 Slack 平台上公開討論了這件事情，儘管是以迂迴的方式。

八月十六日，艾咪分享了一篇另一家科技公司的新聞報導，支付服務提供商 Stripe 最近因處理另類右派（alt-right）組織的支付服務而遭受強烈反對。在該篇報導上面，她寫道，自己很自豪曾經爲 Kickstarter 工作，因爲 Kickstarter 是一家堅持理念的公司。雖然這則貼文沒有明確提到《永遠揍爆納粹》，但艾咪的目標就是針對 Kickstarter 的價値觀展開更大的對話。

另一位工程師同事附和艾咪的觀點。然後，沒有任何事先協商，信任與安全團隊的成員賈斯亭．賴（Justine Lai）也加入討論。「嗯，但我們將暫緩『永遠揍爆納粹』的集資計畫，所以我不確定（公司是否還是堅持理念的公司）。」公司其他員工現在才得知領導層暫緩了《永遠揍爆納粹》集資活動。賈斯亭的評論催化了員工們所謂的「Slack 鄉民暴走」（Slack mob），整個公司員工紛紛湧入 Slack 平台，要求了解管理層認爲該計畫違反了哪些政策。由於評論和問題不斷傳來，Kickstarter 領導團隊決定在圖書館召開一次緊急的公司全體會議。

會議上，領導團隊坐在一張幾乎從房間一端延伸至另一端的木桌後面，而全體員工像孩子一樣坐在他們下方的地板上。雖然此次會議被定調爲討論，但員工表示，感覺更像法庭。[107]員工與管理層之間的分歧從未如此鮮明。在 Kickstarter 社群戰略部副總裁和信任與安全團隊主管的陪同下，Kickstarter 最近聘請的法律總顧問克里斯多夫．米歇爾（Christopher Mitchell）率先發言。他發表一份簡短的聲明，解釋管理層暫停該計畫是因爲違反 Kickstarter 暴力政策。接著，管理高層開放提問。

許多員工對撤下該計畫的決定耿耿於懷。他們選擇在 Kickstarter 工作是因爲其堅持價值觀的企業文化，但管理層屈服於右派媒體的壓力，而不是堅持 Kickstarter 員工制定的政策，讓人感到沮喪。這個作法看起來很虛僞，尤其是對一家喜歡宣揚其支持藝術家使命的公益企業來說。

員工一個個接過麥克風，說出自己的想法。軟體工程師布萊恩・艾貝爾森（Brian Abelson）說，管理層的決定不合情理，如果眞的執行這項決定，他可能無法繼續待在公司。漫畫拓展部主管卡米拉・張（Camilla Zhang），經常代表 Kickstarter 出席各大漫畫展的公衆形象，她詢問管理層打算怎麼保護她，如果該計畫被撤下，她勢必遭受藝術家和作家社群的抨擊。泰勒當時已在 Kickstarter 工作了五年，他認爲這個問題是關乎做正確的事情，而不是以「我們內部規定的法律解讀」。

「在那一刻，情況非常明顯，讓組織的所有權力掌握在少數人手中是不道德的。」泰勒後來說。[108]「他們是不負責任的權力管理者。」會議結束後，員工們感到既憤怒又鼓舞，因管理層背離公司聲明的價值觀而義憤塡膺，因同事們的勇氣而士氣激昂。在會議上發言是 Kickstarter 員工第一次集體行動示威。

離開會議後，泰勒在收發室碰到了威脅要辭職的工程師布萊恩。泰勒看著他同事的眼睛，喊出一個詞：「工會！」

▒

歷史上，勞工成立工會是爲了制衡管理者的權力。集體談判可以幫助工人確保他們獲得公平的薪資、福利、安全的工作環境，並在影響整個組織的決策中保有發言權。如果說，類似家庭的工作場所是建立在夥伴和信任之上，那麼有工會組織的工作場所則是建立在合約義務之上。但在美國，過去幾十年來工會成員數驟降。一九五〇年代勞工組織的鼎盛時期，每三位美國工人就有一位是工會成員，[109]到二〇二一年，每十位工人只有一位加入工會，創下有史以來比例最低的紀錄。

關於工會成員數減少的原因，有各種解釋。諸如《塔夫特－哈特萊法案》(Taft-Hartley Act)和工作權利法，增加了組織工會的障礙，使公司更容易打擊工會。工會參與度向來最高的職業和產業(如製造業)已經萎縮，而傳統上不存在工會的科技產業，就業成長幅度最大。

全體員工會議的第二天，Kickstarter社群戰略部副總裁凱西・馬基托斯(Cassie Marketos)發了一封電子郵件給全體公司同仁，說明領導層已經撤銷《永遠揍爆納粹》計畫的下架決定。員工們信心大漲，他們的集體抗議得到了回應。但接下來一個星期，他們了解到成功的代價。

法律總顧問米歇爾出席了信任與安全團隊的下一次週會，傳達一則消息。「個人政治與公司政治之間有很大的區別，如果無法區分兩者，建議應該另尋出路。」他提高了嗓門說。[110]他的語氣符合許多使命導向型新創公司的常見說詞：要不把公司擺在首位，要不就自動離開。信任與安全部總監威爾・佩斯(Will Pace)告訴團隊，他將與他們每個人進行一對一會談。

接下來一個星期，最先在Slack平台說出領導層決定的賈斯亭・賴，與佩斯和Kickstarter人力資源主管安德魯・布蘭卡托（Andrew Blancato）會面。在一個無窗的房間裡，三個人圍坐在桌子旁。賈斯亭被告知她已經不再受到信任，並建議她考慮簽署離職同意書。隔天，賈斯亭收到一份離職同意書與資遣方案，前提是她辭職。她接受了這份協議。

賈斯亭的辭職點燃了泰勒內心的導火線。顯然這個「家庭」因爲一則Slack留言，寧願與自己人分道揚鑣。高層主管喜歡強調每個人都在同一個團隊，但當賈斯亭被迫離職時，泰勒覺得這種說法都是胡扯。「他們可以開除我們，而我們卻無法開除他們，所以我們從來都不是同一個團隊。」泰勒告訴我。

泰勒認爲，重新平衡權力的唯一方法，就是讓勞工組織起來。在泰勒得知賈斯亭被趕走的第二天，他拿出一張便條紙，潦草寫下自己認爲可能對籌組工會感興趣的同事名字。那一週，他開始打電話。

■

作爲Kickstarter社交生活中心，泰勒非常適合評估員工對籌組工會的興趣。讓公司像家庭的社交關係，同樣爲推動工會創造了有利條件。賈斯亭被解雇之後，基層員工開始交流意見，並注意到那些看似孤立的事件，實際上是系統性模式的一部分，例如不公平的薪資和缺乏包容性的政策。

除了泰勒，投入籌備工作的領導人，有來自社群團隊的崔維斯·布雷斯（Travis Brace）、信任與安全團隊的RV·道格提（RV Dougherty）、以及創作者拓展團隊的克拉麗莎·雷德溫（Clarissa Redwine），他們組織工會並不是因爲不喜歡 Kickstarter，情況正好相反，他們組織工會是因爲相信 Kickstarter 和底下員工值得爲之奮鬥。

克拉麗莎記得泰勒那通突然打來的電話。當時，她是公司唯一的西岸員工，接到傍晚六點的來電，肯定是泰勒在辦公室待到很晚。泰勒向她說明 Kickstarter 員工在決定公司方向上缺乏發言權的情況，他列舉了一些例子，如《永遠揍爆納粹》集資事件與管理層在 Drip 計畫推出前突然取消的爭議性決定（Drip 計畫是泰勒和其他人在過去一年打造的集資工具）。後來他說到了重點：「我們一直在討論成立工會的可能性。妳加入我們嗎？」

起初，克拉麗莎猶豫不決。她眞心喜歡她的工作，而且爲了更靠近 Kickstarter 總部，她離開在加州認識的所有人，正準備舉家搬遷到布魯克林。她對泰勒的提議很感興趣，但工會運動感覺很冒險。在即將離鄉背井之際，她不想危及自己的生計。

對於考慮加入工會的員工來說，不想招惹麻煩的猶豫情緒很普遍。在科技職場上，「有一種類似大家庭的文化，感覺非常平等。」文職與專業人員國際工會（Office and Professional Employees International Union, OPEIU）的組織幹部葛蕾絲．雷克斯（Grace Reckers）告訴《連線》雜誌。[111]「大家會害怕衝突。」該國際工會最後與 Kickstarter 員工合作組織工會。但雷克斯和其他人都清楚，強調家庭般的公司連結（「我們在這裡互相關心！」），是一種破壞工會的常見策略。員工需要的是合約保障，不是公司空泛的甜言蜜語。

經過一夜的思考，克拉麗莎意識到，儘管有風險，但成立工會對於目前和未來的 Kickstarter 員工都有好處。第二天，她讓泰勒知道她非常樂意加入。

搬到紐約後，克拉麗莎、泰勒和其他大約十幾名員工，定期到泰勒在辦公室附近的磚牆Podcast工作室聚會。冰箱裡擺滿六角星拉格啤酒（Sixpoint lager），組織幹部會輪流去買披薩。籌組工會的過程令人振奮，「感覺就像復仇者聯盟。」泰勒告訴我，每個員工都有自己獨特的超能力。

接下來的幾個月裡，工會運動領導者提升了他們的組織技能，並招募其他員工加入行動。RV將他們過去在政治組織經驗中學到的傳授給團隊其他成員，崔維斯則協助新成員的招募，但大部分人都是籌組工會的新手，早期開會花了很多時間在Google搜尋問題，像是「如何成立工會？」。

組織幹部一一與公司非管理層級的員工會面，評估他們加入工會的興趣。這些一對一會面通常選在午餐和休息時間、上班前的早餐或下班後的啤酒聚會進行，最重要的是不能在上班時間進行工會組織活動。加入工會籌組行動後不久，其他人邀請克拉麗莎加入其領導委員會，這表示將讓她成爲工會運動的公衆形象。主要組織幹部向整個公司發送電子郵件，解釋成立工會的原因，每封郵件底部都附上他們的照片。

隨著克拉麗莎成爲工會運動中的顯眼成員，她開始收到不太支持工會的同事反彈。根據我採訪多位職場專家的說法，這種同事間互相監督的現象很常見，無論是在工會運動中還是在關係緊密的辦公室文化裡。「問問經理」專欄作家葛林告訴我：「有些人對於使命滿腔熱血，如果此時一位非管理層級的同事試圖爲工作時間或工作價值設定界限，他們往往會表現得好像是個人遭受了冒犯。」

並非所有員工都支持工會運動。三名資深員工在一份洩露給科技媒體網站「Gizmodo」的全體員工公告中寫道：「歷史上工會的目的是保護社會弱勢群體，而我們認爲這個工會的成員結構破壞了這個重要功能。」他們還表示，他們「擔憂工會遭少數特權員工濫用。」[112]

克拉麗莎成爲衆所皆知的組織工會領導人之後，有一次，她向市場部同事建議一個編輯內容的想法，像克拉麗莎這樣經常與 Kickstarter 創作者互動的員工，這是常見的作法，結果該同事回說，克拉麗莎不應該教她如何工作，並向管理層舉報克拉麗莎的行爲。

反彈以各種形式出現。克拉麗莎在公司工作的前三年（加入籌組工會活動之前），主管給予的績效評價一直很好。但成爲工會運動中的顯眼成員後，她開始收到「個性方面的回饋意見」，通常帶著批評、性別歧視，針對員工的性格而非工作表現。她被告知「語氣不夠好」，而且「沒有與管理層建立信任」。

泰勒成爲籌組工會的活躍成員後也開始收到更多的批評回饋，但有別於克拉麗莎，他的回饋意見主要針對他的工作成果。他被列入績效改進計畫中，並給予具體衡量指標，如果他想在公司保持良好聲譽，必須達成這些指標。

在勞工組織世界，這種在籌組工會期間對員工表現和性格的批評，被稱爲「藉口」。這是管理層破壞工會的常見伎倆，他們可能想開除工會組織者，但礙於法律規定，不得因組織工會而解僱員工。

在克拉麗莎、泰勒和其他組織成員與員工進行一對一會談的期間，他們傾聽不滿、並試圖引起員工對工會的興趣，Kickstarter 高層的反對態度變得更加強烈。二〇一九年接替陳佩里執行長一職的阿齊茲．哈桑（Aziz Hasan）在一封公司內部郵件中宣布，公司不會主動承認工會的存在。[113]用他的話來說，工會將「大大改變我們的運作與合作方式」，而且公司「沒有工會的架構，更容易取得成功」。

但工會運動持續發酵。在一對一會談中，工會組織者強調，他們不僅主張福利和薪資平等，更爭取在公司戰略決策中保有發言權。他們也爭取增加與加班時數相符的休息時數和工作受到威脅時的保護措施。「我希望我用不到安全帶，但每次上車時還是會繫上它。」泰勒說。

二〇一九年九月，距離泰勒第一次打電話給克拉麗莎說明工會成立一事將近一年，他們個別被帶進一間會議室（也就是一年前賈斯亭收到解僱協議的無窗房間），被毫不客氣地開除，給予的理由也含糊不清。前兩季是泰勒在Kickstarter績效最高的季度，遠遠超過績效改進計畫規定他須達成的各項標準。

克拉麗莎和泰勒決定放棄他們的遣散費，因爲拿了就需要簽署禁止誹謗協議，接著兩人向國家勞資關係委員會(National Labor Relations Board)提交不正當解僱申訴書。克拉麗莎在二〇一九年九月十二日發表推文：「@kickstarter 我不會簽署含有禁止誹謗協議的解僱協議，我的遣散費，你們就留著吧。」[114]

要求員工簽署禁止誹謗及保密協議是科技公司的常見作法，也是企業阻止員工揭露不當行爲的一種方式。待過 Facebook、Google 及 Pinterest 政策團隊的伊菲瑪・歐薩瑪（Ifeoma Ozoma）告訴我：「沒有透明度就沒有問責制。」

歐薩瑪在自己遭受社群平台 Pinterest 歧視之後，協助加州立法通過《不再沉默法案》（*Silence No More Act*），這項法律允許員工即使簽署保密協議，也可以說出有關歧視或騷擾的情事。「如果不能合法談論發生的事情，他們就無法公開自己的經歷，也無法知道公司裡可能還在發生的事情。」歐薩瑪認爲，公開溝通是解決歧視、騷擾和其他虐待行爲的前提。她說：「問題不一定都能得到解決，但如果不能談論這些問題，問題根本沒有解決的機會。」

泰勒和克拉麗莎之所以能夠放心與我分享他們的故事，其中一個重要原因就是他們遭解僱時選擇不簽保密協議。被解僱後，他們各自公開在 Kickstarter

組織工會的經歷，激起了社會大眾對Kickstarter員工繼續組織工會的廣泛支持，也迫使Kickstarter管理層減少了一些反工會的作法。但現在尚未取得任何勝利。工會正式成立之前，必須先進行投票。

二〇二〇年二月，泰勒和克拉麗莎被解僱的五個月後，二十多名員工從Kickstarter位於綠點社區（Greenpoint）的辦公室來到國家勞資關係委員會的市中心辦公室，聽取上個月的工會投票結果。這次投票已經醞釀了將近兩年時間，需要大多數符合資格的員工投下贊成票，工會才能獲得承認。

「如果你崇尚枯燥乏味的概念，這就是你會建造的教堂。」泰勒告訴我計票地點在國家勞資關係委員會的聽證室。然而，儘管背景是政府機關的單調米色，但那天早上整個房間卻洋溢著鮮明的活力。泰勒、RV和崔維斯坐在會議室後方，Kickstarter現任員工、管理層代表、以及公司聘請的律師，坐在他們前面幾排。國家勞資關係委員會一名代表在會議室前方打開了密封的投票箱。

選票一張張宣讀出來，唱票過程讓人緊張萬分。員工們不停默默計算著，手心緊握的鉛筆因汗水而滑落。半小時後，投票結果出爐：四十六票贊成，三十七票反對。全場充滿掌聲與淚水，Kickstarter工會成為美國科技公司史上首個獲得全面性承認的工會。泰勒告訴我：「第一次在便利貼寫下潛在組織者的名單時，就像是搬起一塊大石頭。投票結束後，我終於可以放下它了。」

在年底之前，此次投票已為員工帶來了回報。二〇二〇年五月，由於疫情帶來的經濟壓力，Kickstarter被迫進行裁員和公司收購，減少了百分之三十九的員工，而經工會與公司談判後，離職員工得到的補償是四個月的薪水和至少四個月的健康保險，而不是最初管理層提議的二至三週遣散費。

二〇二〇年九月，國家勞資關係委員會發現有足夠的證據認定Kickstarter管理層解僱泰勒一事違反了《全國勞資關係法》（*National Labor Relations*

Act）。次月，公司同意支付他三萬六千五百九十八美元又六十三美分的積欠薪資。雖然結果讓泰勒感到欣慰，但對他來說，真正的勝利是這次投票。

「權力不該集中在少數人手中，毋庸置疑。」他對我說：「如果受制於別人的權力，你應該對權力的運用方式擁有發言權。這是我所信仰的世界，也是我想要建立的世界。任何認同這些原則的人，都應該立刻著手改善自己的工作場所。」

職場關係（至少是管理層和員工之間的關係）到頭來還是與權力有關，即使在最友善、最進步、最有使命感的工作場所也是如此。然而，真正賦權的職場，是雇傭條件明確、權力結構不會因「家庭」話術而模糊的地方。

二〇二二年六月，也就是 Kickstarter 員工公開表示要成立工會的兩年半之後，Kickstarter 工會與管理層達成了破天荒的第一份集體談判協議。[115] 該協議保障每年加薪和薪資公平審查、限制約聘員工的數量、優先考慮提供全職工作，並規範了申訴和仲裁程序等條款。

「在一個只能靠比同事更加努力工作來獲得獎勵的體制裡，可能會讓你對於自己在權力結構中的位置產生非常不健康的理解。」克拉麗莎對我這麼說：「我們應該把友誼和共同經驗轉化成力量。」

第 6 章

該下班了

關於「工作越時數長越好」的迷思

Off the Clock

On the myth that working more
hours always leads to better work

「老爸建造了一架時光機，然後耗費一生想弄清楚如何利用它來獲取更多時間。他跟我們相處的所有時間，滿腦子都在思考多麼希望自己擁有更多時間、如果能有更多時間該有多好。」——游朝凱（Charles Yu）116

喬許．艾柏森（Josh Epperson）正在維吉尼亞州詹姆斯河（James River）中央的一塊岩石上捲大麻菸，長長的髒辮像紡織機的線交織在他的背上。兩罐鮪魚罐頭、一盒芒果乾、一支打火機擺在他光著的腳旁邊，一瓶義大利皮爾森啤酒放在他的左腳鞋跟裡。

「這才是享受。」他這樣說，並張開雙手，感受著這一刻的珍貴。喬許經常在說話前露出輕鬆的微笑，好像即將告訴你什麼圈內笑話似的。或許這是因爲三十八歲的喬許覺得自己經歷了別人尚未見識過的事物。在企業界工作了十幾年，並在一家全球品牌諮詢公司升任管理職的七年後，他過去三年時間都在進行他所謂的「實驗」（The Experiment）。

這個「實驗」有三項原則。首先，喬許只接受他認爲有意義的工作；其次，只接受薪水剛好的工作，他的時薪是一百三十美元；第三，只接受每週工作低於二十小時的工作。喬許大概每週工作十至十五個小時，但年收入將近六位數。他不像大多數野心勃勃的專業人士用專業知識換取更多金錢，而是選擇換取更多的時間。

喬許的選擇可能現今看起來違背常理，然而從歷史角度來看，「返璞歸眞」是更貼切的形容。歷史上，一個國家或一個人累積的財富越多，他們投入在工作上的時間就越少。道理很簡單：當人擁有足夠的財富，就能減少工作量。

就大部分的文明社會而言，休閒象徵著社會地位。休閒（leisure）一詞源於拉丁文的「licere」，意指「獲允不從事工作或服務」。[117]雅典人認爲休閒是「生活中最高的價值」，他們會花整天的時間來創作藝術、從事運動、並思考存在的本質。[118]亞里士多德認爲，休閒才是「所有人類追求的目標，所有行動的最終目的」。[119]

不知道從何時開始，美國人迷失了方向。每年，美國人平均每週工時比法國人多了六小時，比德國人多了八小時（相當於一整天），甚至比過勞出名的日本人多了三個半小時。[120]

但以前情況並非如此。在一九七〇年代，美國、法國及德國一般勞工的每年工作時數大致相同，而日本勞工的工時一直都是稍微多一點。[121]在廿世紀這段期間，有組織的勞工和技術進步縮短了工作時間，但過去五十年裡，出現了一個奇怪的趨勢：儘管財富和生產力有所提升，但許多大學畢業的美國人，尤其是大學畢業的男性，工作時間變得比以前多。[122]美國的專業人士不是用財富換取休閒，而是開始用休閒換取更多工作。

喬許過去多年就是這種趨勢的典型案例，他樂於犧牲越來越多的時間，換取越來越多的收入。直到二〇一九年的某天，他覺得已經受夠了。從那時起，他每週的工作時數都不超過二十個小時。

■

喬許的童年有很多「不能」做的事情。他不能買玩具，不能穿新衣，偶爾手頭特別吃緊時，連一頓飯都吃不了。他與母親、姊姊一起住在瑞斯頓（Reston）的第八款（Section 8）公共住宅，瑞斯頓是維吉尼亞州北部一個以公園、步道和高爾夫球場聞名的小城鎮。但喬許知道這座小城鎮的另一面。他記得警察來調查他家窗外發生的謀殺案時，外頭閃爍的藍色警燈照進了童年臥房；他在小溪旁的橡樹下等待酗酒的母親清醒過來，他的隨身聽裡重複播放著超脫樂團（Nirvana）的專輯。最重要的是，他渴望逃離這一切。

他在反主流文化中找到了慰藉：滑板、龐克音樂和大麻。「我從十二歲起，就以不以爲然的態度看待社會。」我們一邊往里契蒙（Richmond）的河邊走，喬許一邊說：「我知道沒有人會來拯救我。」他在這裡已經生活了二十年。他的父母都沒有上過大學，在他的生活中，父親經常來來去去，母親也在低薪的文書工作之間換來換去。所以，喬許從小就開始工作，主要是在當地游泳池擔任救生員。學校總是排在工作、滑板和抽大麻之後。

他的一位兒時玩伴說：「喬許是善良、好奇和愛冒險的孩子，只是玩滑板讓人感覺叛逆，它本身具有反權威色彩。」

到了高三階段，喬許意識到大多數朋友都要離開家去上大學，所以他決定改變自己的學業生活。他一直是個求知慾旺盛的孩子，但他重新投入學業，帶著一個新的動力：他想離開瑞斯頓。喬許依然記得，在取得畢業所需的及格分數後，他給高中代數老師來個熊抱的情景。

高中畢業後，喬許先在北維吉尼亞社區學院（Northern Virginia Community College）讀了兩年，然後轉到維吉尼亞聯邦大學（Virginia Commonwealth University），所以他來到了里契蒙。他認爲大學文憑可能對日後有所幫助，儘管追求職業生涯並不是他特別在意的事情。接下來的兩年裡，他在里契蒙機場爲聯合航空公司工作，擔任「搖著螢光棒的人」，每週上五次晚班，從下午四點到午夜最後一架飛機抵達機場爲止。每小時只有十美元工資，而且沒有加班費，即使飛機延誤到凌晨也一樣。每次工作結束，打開自行車閃爍的前燈，騎三十五分鐘回家，「這樣下去不行。」他心想。

關於超時工作的主流描述，通常是企業高層在休假期間查看郵件，或者矽谷工程師熬夜寫程式。至少在美國，忙碌往往被推崇而非貶低，例如，自由接案平台Fiverr於二〇一七年推出一個廣告宣傳活動，大力讚揚那些「拿咖啡當午餐」和「把睡眠不足當作享受」的人。[123]

不過，我們必需明白，美國人長時間工作的原因，因產業別和階級而異。對於像萊恩·伯吉這樣的人，他之所以長時間工作，是因爲他從工作中獲得意義；對於像芙巴茲·艾達這樣的人，她之所以長時間工作，是因爲雇主對他的預期過高。然而，也有像二十四歲的喬許這樣的人，疲憊不堪的員工，長時間工作只是爲了過活。根據經濟政策研究所（Economic Policy Institute）的一份報告，在二〇一六年，美國收入最低的五分之一人口的工作時間，比一九七九年增加了將近百分之二十五。由於低收入美國人的薪資停滯不前，他們不得不增加工作時間來維持生計。

過度工作不單單是工作時數長短的問題，還有工作的強度和不可預測性。那些低薪工作者對於工作時間、工作地點和工作強度的掌控權較少。以洛杉磯的兼職工作者德瑞克·德羅胥（Derek Deroche）爲例，他同時要處理外送餐點、搭車服務以及水電維修等多個平台的訂單要求。即使不在工作中，他也必須花時間找下一份工作案件，而這段時間是沒有報酬的。他告訴我：「如果要讓這份工作成爲穩定的收入來源，我必須隨時待命。當自己的老闆就是這樣。」

此外，隨著矽谷的兼職工作平台拓展到海外，也將美國的工作標準帶到了兼職工作者身上。即使在挪威和德國等擁有健全勞工法的國家，兼職工作者也通常被歸類爲自雇工作者，無法享受全職工作的權益，如有薪休假或工會的集體談判權力。[124]長時間工作往往與低薪密切相關，而這些工作者又得到較少的保護，無論是兼職平台的保護還是國家的保護。

在二十五歲時，喬許決定離開機場的工作。他找到了一份在當地醫院的行政職，時薪十二美元。雖然增加的薪資不足以改變生活，但對喬許來說，身邊圍繞著對自己工作充滿熱情的人，這還是第一次。喬許負責供應午餐，醫生與住院醫師會在這時候討論當天較棘手的病例，喬許經常待在旁邊聽。「周圍的人都很關心自己的時間運用方式、甚至願意全心全意投入工作，這種感覺很新奇。」他說：「讓我重新思考對工作的想法。」

話雖如此，但住院醫師可能不是那些願意長時間工作的人的理想範例。住院醫師制度是威廉·史都華·霍斯德（William Stewart Halsted）創立的，他是一名外科醫師，認爲醫學生在培訓期間應該住在醫院，讓自己完全沉浸在工作中。[125]霍斯德也是出了名的工作狂和古柯鹼毒癮者。然而，霍斯德培訓模式的原則一直延續至今。在許多白領職業中，長時間工作已成常態，而且時間還在不斷延長。

以律師爲例，大部分律師事務所都設有最低計費時間的要求。在大城市中，平均最低計費時間通常落在每年兩千個小時左右，相當於每週服務客戶時數四十個小時，但不成文的期望通常更高。而且上述計費時間不包含通勤、吃飯、非客戶工作等，或者諷刺的是，也不包含計費時間的核算，律師需要每隔十五分鐘或六分鐘追蹤工作時間。

許多律師事務所將年終獎金與達到一定工作時數的門檻綁在一起。一方面，這很合理，因爲許多事務所是按小時向客戶收費。但根據我和幾位律師的交談，這形成了一種反常的激勵制度，變成獎勵長時間工作而不是工作本身的品質。紐約某律師事務所的訴訟受雇律師告訴我：「工作效率高反而無法讓我獲得經濟上的好處，我只能做更多的工作，來達到工作時數的門檻。」

在美國人大量工作的衆多原因中，有一個不分行業的共同點：美國的管理文化。而這種嚴格追蹤員工工時的美國管理文化，主要是受到菲德烈．溫斯洛．泰勒（Frederick Winslow Taylor）的影響。雖然泰勒已經過世超過一個世紀，但他的《科學管理原則》(*Principles of Scientific Management*)至今仍然是最具影響力的商業書籍之一。如果想了解雇主如何管理員工時間，就必須了解菲德烈．泰勒是如何看待時間的。

泰勒可能打從娘胎就帶著馬表和三件西裝出來。一八五六年，他生於費城一個富裕的貴格會家庭，在進入菲利普斯埃克塞特中學(Phillips Exeter Academy)就讀以前，他的童年時期有兩年時間旅居歐洲。泰勒並未像他普林斯頓大學畢業的父親一樣成爲律師，而是選擇到一家泵浦製造公司當機械工學徒。接著，他在一間成功的鋼鐵製造公司密德瓦(Midvale Steel)找到工作，且職位步步高升，他很快從時間記錄員(time clerk，譯註：負責記錄員工出勤、工作時數。過去技術不發達，時間紀錄都是手工謄錄)晉升爲機械技工，再到工廠領班，最後在三十歲出頭當上總工程師。

在密德瓦鋼鐵公司，泰勒開始發展自己的一套管理理論。在廠房工作時，他注意到同事們只做最低限度的工作，導致公司的勞動成本上升。泰勒覺得同事們的不努力是一種人身侮辱，隨著領導地位的提升，他致力於找出方法從每位工人身上榨取出最多的工作量。

泰勒在工廠廠房使用馬表來研究機器和操作人員的效率。他將每項工作拆解成個別的動作：拿起一塊金屬、把金屬放在車床、標出切割位置……然後測量每個動作需要的時間。泰勒認爲，每項工作都有「一種最佳作法」，透過仔細檢驗就會發現。每個動作都是讓效率最大化的機會，進而替公司省下錢。

在密德瓦鋼鐵待了十二年，又到一家大型造紙廠工作數年，泰勒後來開設了自己的諮詢業務，將他的「科學管理」理念帶給大眾。企業聘請泰勒拿著馬表前來，觀察員工並改良他們的工作流程。但是，泰勒的「科學」方法存在一些問題，[126]他捏造數據、欺騙顧客、誇大自己成功的惡名，眾所皆知。

泰勒曾因爲建議沒有帶來任何盈利增長，被其中一個客戶伯利恆鋼鐵(Bethlehem Steel)解除聘任，但這並沒有阻止泰勒向任何願意聽的人宣揚他的理念。他的寫作和講故事能力勝過了數據的不可靠性，他出版了多本書籍，並走遍全國各地宣傳他的觀點。在泰勒看來，工人不過是資本主義機器中愚昧無知的齒輪，他形容一般鋼鐵工人「非常愚蠢且遲鈍，心理構造近似於牛」，[127]完全忽略工人的人性，將他們的每個行動、每一秒都視爲讓公司利潤最大化的機會。

泰勒的科學管理方法依然對美國許多經濟領域產生影響，尤其是製造業與服務業。在日益全球化的世界中，泰勒主義已經輸出到世界各地，只不過現在，握著馬表的不再是主管，而是由無形的科技平台進行數位監控。

以亞馬遜發貨中心爲例，員工拿著手持掃描儀，上面有計時器，測量他們掃描和分類包裹的速度；Uber 司機身處分秒必爭的搶單環境；在聯合健康集團（UnitedHealth Group），「低鍵盤活動」可能會影響薪資報酬和獎金；[128]現在有許多像 ActivTrak 和 Insightful 這樣的新創公司，服務內容是供應員工監控軟體；根據《紐約時報》二〇二二年的調查，美國十大私人企業中就有八家具有追蹤個別員工的生產力指標。[129]

「這種類型的工作讓我們準備迎接即將到來的自動化。」兼差打工族德羅胥在形容外送餐點平台源源不斷的訂單時說：「我們只是變得更像機器人而已。」

二〇一一年，喬許還在醫院工作的期間，開始探索自己職業生涯的下一步。在從事多年只運用部分腦力的工作之後，他知道自己想要做一些有創意的事情。喬許前往紐約市參加爲期五天的「創意點子節」（The Festival of Ideas）研討會。這場研討會上有作家和建築師的主題演講，有新秀餐廳業者的快閃菜色，以及城市最新潮的博物館和畫廊的公共藝術裝置。在衆多展示活動中，有一個項目激發了喬許的想像力。

這個項目名爲「FEAST」，是「Funding Emerging Art with Sustainable Tactics（以永續性策略資助新興藝術）」的縮寫。在每個「FEAST」活動中，參加者會聽取來自不同藝術家和組織的提案，然後投票選出自己最喜歡的提案，而活動的門票收益將作爲補助金頒發給獲選者。「太棒了！」喬許心想，「我一定要將這個活動帶回里契蒙。」

從紐約回來後，喬許和一位朋友開始著手實現維吉尼亞州版的「FEAST」活動。他白天仍在醫院工作，但熱情和注意力卻放在別處，「創意點子節」燃起了他的新身分。雖然職稱可能與創意勾不上邊，但他開始把自己看成是個有創意的人。

「我當時心想，『在紐約的這些人也沒有證書說他們是有創意的人啊！』」他這樣跟我說。於是，二〇一一年，喬許離開了醫院的工作，開始發揮他的創造力。他幫里契蒙當地的出版物撰寫關於藝廊開幕活動和音樂會的文章；他籌辦了第一屆維吉尼亞「FEAST」活動，門票銷售一空；他開始與更多的藝術家和企業家往來，喬許找到了他的魔力。

透過「FEAST」活動，看見喬許展現出來的社群組織能力後，一家當地的顧問公司聘請喬許策劃一系列活動，以展現里契蒙的歷史。在那之後，當地的行銷主管安迪．史特凡諾維奇（Andy Stefanovich）招募喬許加入他的品牌顧問公司。在二十八歲，從高中低空飛過畢業門檻後十年，喬許終於得到了第一份有穩定薪水的工作，年薪四萬五千美元。他笑著說：「我的工資從每小時十二美元漲到每年四萬五千美元，我那時想：『我眞他X的發財了。』」

這間品牌顧問公司有個貼切的名字：「預言家」（Prophet）。在「預言家」，喬許成了明星，在一群常春藤聯盟和商學院畢業生中，這位走非傳統路線進入業界的社群組織者，爲他們提供了全新視角。「可以看出他剛加入時，對整個顧問文化和我們的工作量感到懷疑。」一位前同事告訴我：「但喬許適應得非常快。」

「預言家」和喬許以前的雇主完全不同。公司辦公室占據了里契蒙市中心一棟前穀物銷售大樓的最高兩層。不同於醫院行政大樓的輕隔間，「預言家」辦公室充滿中世紀現代家具和玻璃牆面的會議室。同事們經常一起出去喝酒，或在辦公室二樓的四方格球場玩。雖然職場氛圍輕鬆，但工作卻非常緊張，「預言家」有種競爭激烈、講求績效的企業文化，「如果沒有每兩年升職一次，就表示你做得不好。」該位前同事說。

喬許適應了這種節奏快速的環境，很快，他開始飛遍全國各地，向人壽保險公司介紹社群媒體戰略，爲口香糖製造商制定「創新路線圖」。這家公司成爲了喬許生活的中心、他的社交圈以及使命感。「我以爲我走對了道路。」他告訴我：「我想坐在飛機上、坐在合夥人旁邊……我想證明自己屬於這裡。」

在「預言家」工作期間，喬許的職位不斷提升，收入也隨之增加。他一次又一次獲得晉升，很快，他的收入達到了六位數，生活方式也跟著調整，他買了亮眼的 Daniel Wellington 名錶和時尚的 Nisolo 皮靴，搬到里契蒙最新潮的社區，住進一間豪華公寓，還買了一台亮黑色的荒原路華（Land Rover）。他每天長時間工作，每個月出差好幾次，即使精疲力竭，他仍然把自己的疲憊解讀爲成功的跡象。忙碌和目標似乎合而爲一。他心想：「有數百萬美元的案子在手上，而客戶明天就要，這一定要做好。」

諷刺的是，喬許的工作時間越來越長，但工作不一定變得更好。當他開始帶領團隊並承擔更多責任時，會議和企業的官僚文化壓縮了讓他整合所學並產生新想法的空間。儘管如此，喬許還是低頭苦幹。他一年賺十四萬美元，對於在公共住宅中和單親媽媽一起長大的年輕男孩來說，這是難以想像的數字。他還爭取晉升爲從進入「預言家」時就嚮往的創意總監，他曾經獲得保證，在下一輪晉升他會得到該職位。

有一天，喬許的工作導師邀他一起到公司停車場走走。喬許明白這個邀約意味著什麼：他的頭銜終於能符合他爲公司創造的價值，終於能稱自己爲創意總監了。在兩人走過單調的水泥地停車場時，喬許的導師轉向他說：「抱歉，喬許，你沒辦法拿到這個職位。」喬許毫不猶豫地說：「好吧，我會離開。」他轉身獨自穿過整個停車場。

工作的魔咒已經破除了。

「我辭職並不是想要更多的時間、更好的生活、更正常的生活節奏、或者取得工作與生活的平衡，只是因爲我的心情他X糟透了。」我們穿過一片橡樹和柏樹森林，喬許每走幾步就會轉過頭來跟我說話。「我想再到別家品牌顧問公司找份工作，然後申請創意總監職位就行了。」他說著，將蕨叢推到一旁讓我通過。「但首先，我知道我需要休息一下。」

離開公司後，喬許讓自己休息了一陣子，這是他應得的。七年來，他一直待在一個期望員工每天工作十小時的辦公室裡。無數個夜晚，喬許和他的團隊一起熬夜，只爲了在簡報的文字方塊裡新增幾個字。他在「預言家」付出了很多，他需要重新找回沒有「預言家」的自己。

喬許決定給自己三個月的休假。剛開始不工作的前面兩個星期，他知道會發生什麼，那就是「渡假期間的喬許」。但兩個星期過去，他開始感到不自在，他告訴我：「過去的七年裡，我一直認爲我每天的時間都必須轉化爲經濟價值，所以當我回顧一天做了什麼，卻沒有看到經濟產出時，就開始覺得我的時間毫無價值。」

這種感覺引起我的共鳴。與喬許走路的時候，我思考著自己是如何將菲德烈．泰勒的世界觀內化的。無論有意或無意，我都試圖優化我每一分鐘的時間，即使我在本書寫過將自我價值與工作混爲一談的危險，我還是忍不住覺得，如果哪天沒有多寫幾個字、多採訪一則消息或編輯一篇章節，那一天似乎就浪費了。我不需要戴眼鏡的主管敦促我從每一分鐘提取出經濟價值，我會吹毛求疵的管理自己，利用每次排隊結帳或搭乘電梯的空檔，再寫一封郵件。

在休假期間，喬許不得不刻意抵抗繼續做下一件事的衝動。沒有做更多事情讓他感到內疚，但他沒有迴避這股內疚感，而是選擇質問它。「我認爲在短暫的人生中，賦予我生命價值的事情，是爲有經濟回報的企業工作做出貢獻嗎？」他問自己。「不是，對於這個問題，我的答案是否定的。」

然後，喬許問自己想要感受什麼？他每天睡到自然醒，沒有既定的行程，在我們目前行走的河畔步道上，漫步了幾天後，突然發現答案：「我想被敬畏和驚奇所感動。」我們穿過斑駁的灌木叢，他對我這麼說。要不是聲音充滿眞誠，我可能會笑出來。「我想讓自己沉浸在大自然中，看我怎麼融入這個世界。這就是我想要的生活方式，而這與我所接受的專業訓練完全矛盾。」

然而，喬許對於他所生活的資本主義社會沒有任何幻想，他清楚自己需要賺錢。但如果想在回到工作崗位後，爲自己的生活注入更多敬畏之心，他知道自己需要改變，包含在日常生活中加入更多沒有特定安排的自由時間。他想知道：「我能不能只做自己認爲有意義的專案，賺到足夠的錢，而且每週工作不超過二十個小時？」這肯定是一個值得嘗試的實驗。

喬許從減少自己的時間和金錢責任開始這項實驗。他卸下了在黑人電影節的董事會職位；他搬離了位於里契蒙高級地段的豪華公寓，搬到更便宜的地方；並把荒原路華換成了本田CRV休旅車。雖然規格降級，但喬許的新生活帶來許多優點，他自己做飯，吃得更健康；他在庭園裡和親朋好友渡過悠閒的下午時光；他恢復了規律的冥想和運動習慣。他告訴我：「我其實可以過得很好，唯一的辦法就是空出更多時間。」

喬許發現增加空閒時間對自己的職業生涯也有益處。他開始爲史密森尼學會（The Smithsonian）和一個名爲「幸福自然」（Happily Natural）的城市農場非營利組織進行專案工作。有了更多空間，他的工作表現變得更好。「在傳統產業的就業模式中，你投入的時間越多，產品就越多。」他解釋，但如果產品是行銷活動的靈感或網站標題，喬許發現投入的時間和輸出品質之間未必呈現相關性。擁有更多尋找靈感和反覆嘗試的空間，喬許終於在從事令他爲之自豪的工作。

越來越多的研究證明，閒暇時間和無安排的自由時間對創意工作有益。腦部掃描顯示，閒暇時間和白日夢會產生能夠激發創意洞察和創新突破的α波。[130]

在一項研究中，連續四天在大自然中徒步旅行且沒有科技設備，能使參與者解決問題的創造性能力提高到百分之五十之多。[131]

然而，喬許不再把閒暇時間單純當成投入工作的能量。他並不是爲了回到電腦前更有效率而休息，也不像我們許多人一直處於半工作狀態，晚餐時不斷滑手機查看是否有新郵件進來。

在我和喬許相處的這段日子，最讓我驚訝的是他的活躍程度。在房間桌子的特大牛皮紙捲上寫字；照料他和三個鄰居共用菜園裡種植的秋葵；參加畫廊開幕儀式和支持當地藝人的即興表演活動。對喬許來說，其他人可能稱之爲「休息時間」的東西並不僅是爲了達到某種目的，它本身就是一個目的。

當然，並非所有人都能夠自行休假並減少工作時間。喬許承認，他在企業界累積的財富和技能，對於他實驗的成功相當重要。「十年前，我不可能過上現在這種生活方式，因爲我沒有這些技能。」他說：「每件事都它適合的時機和觀衆，但試想看看，如果每個有能力的人都像這樣生活，我們將改變整個經濟體系。」

全球各地，有不同收入水準的工作者正在進行自己的實驗，以降低工作的優先次序。在日本，被稱爲「好過族」（hodo-hodo zoku）的年輕工作者發起了一項拒絕升遷的文化運動，以盡量減少壓力和達到自由時間最大化；在中國，社群媒體上出現一種「躺平」趨勢，工作者以躺平抵制讓他們不斷工作的期望；美國行爲藝術家特里西亞・赫賽（Tricia Hersey）自稱爲「午睡主教」，宣揚休息的理念，透過寫作和集體午睡作爲對抗資本主義的行動；Reddit論壇的反工作討論版（r/antiwork）是一個超過兩百萬成員的線上社群，工作者聚集在這裡探討減少以工作爲中心的生活方式。

「年輕人感受到一股他們無法解釋的壓力，他們覺得承諾被打破了。」牛津大學社會人類學家項飆（Xiang Biao）告訴《紐約時報》：「人們意識到物質進步不再是生活中最重要的意義來源。」[132]而且不只有年輕人在思考減少工作的世界可能會是什麼樣子，許多國家也正在思考這個問題。

■

冰島從二〇一五年至二〇一九年進行了兩次每週四天的大型實驗，毫無疑問大受員工歡迎。「減少工作但薪資不變？我要加入。」但問題主要是，這樣的工時安排是否得到雇主的支持。

反對員工減少工時的主要理由之一是會降低企業競爭力。每休息一分鐘，競爭對手就會領先一分鐘，或者諸如此類的邏輯。但這種觀念建立在錯誤的前提之上，即認定工時和產出之間存在直接關係。史丹佛大學經濟學教授約翰·潘卡韋爾（John Pencavel）於二〇一四年針對軍火工人進行的一項研究發現，每週工作五十小時之後，每小時的生產力會大幅下降。[133]而且潘卡韋爾發現，工作七十小時的人，並沒有比工作五十六小時的人產出更多。這項研究證明了一個我們憑直覺就知道的事實：完成任務的時間越長，工作效率降低。

美國社群媒體新創公司 Buffer、總部位於紐西蘭的資產管理公司 Perpetual Guardian 以及日本微軟等公司，都進行過各種引人注目的每週四天工作制實驗。在這三個案例中，由於員工減少工作時間，生產力提高了百分之四十，同時員工自述感覺壓力減輕，工作滿意度更高。

不過，冰島研究的獨特之處在於其廣泛性。兩項研究共計使冰島逾百分之一的勞動力從每週四十小時減少到三十五或三十六小時，且福利或薪水不減。參與研究的工作者來自各行各業，包含老師、警察、建築工人以及雷克雅維克（Reykjavik）市長辦公室的員工。

從背景來看，冰島人的平均工作時間比其他北歐國家還要長。他們雖有健全的社會福利制度和低失業率，但生產力卻落後於其他北歐國家。「由於長時間工作，冰島的勞動力經常處於疲勞狀態，對生產力造成不良影響。」最後實驗報告指出：「而生產力下降需要靠加班來『彌補』損失的產量，進一步降低『每小時的生產力』，陷入了一種惡性循環。」[134]

在這樣的背景之下，每週四天工作制的研究結果顯得更驚人。無論是哪個行業，工作產出都沒有下滑。例如，根據報告，移民局的作業時間沒有增加，而其他機關實際上還提高了生產力，政府客服中心比工時更長的對照組多接聽了百分之十的來電。工作者不僅擁有更多的時間，而且有更多的精力經營嗜好、社交和家庭生活。有了精力充沛的員工，公司組織能夠維持、甚至提高服務品質。

也許最大的改革阻礙，只是雇主對改變的抵制，這也是爲什麼像冰島這樣的研究如此重要。它們用數據資料證明了減少工作時間之類的改革，可以提升員工的幸福感並增加他們的產出，工作者確實能夠在更短的時間內完成相同的工作量。

然而，雖然以提高生產力爲論點，可能有助於說服雇主和立法機構考慮縮短工時，但我們不該只是因爲仍可完成相同工作量才縮短每週工時。除了商業上的理由，還有道德上的理由。我們之所以減少工作，不該只是因爲這樣能使我們成爲更好的工作者，而是因爲這樣能讓我們成爲更好的人。

沒錯，工作時間縮短有助於提高我們的生產力；沒錯，休息有助於大腦運作，改善我們的健康、情緒和身體修復能力。但除此之外，更多的休息時間讓我們成爲更好的朋友和鄰居，讓我們可以接送孩子上學，更常與家人一起吃飯；讓我們可以定期運動、閱讀愉快的書籍、創作不需要他人評價的藝術作品；讓我們有時間參與地方政治、疲倦時可以小睡片刻。簡單來說，減少工作時間讓我們成爲更完整的自己。

冰島研究中的一位參與者說：「減少工作時間顯示出對個人的尊重增加了。我們不只是整天都在工作的機器……我們是有慾望、私人生活、家庭和嗜好的人。」[135]去說給菲德烈·溫斯洛·泰勒聽。

我們坐在詹姆斯河中央的大石塊上，耳邊傳來鳥鳴和水流聲，喬許要我看看四周。「有看到什麼東西移動得非常快速嗎？」橡樹隨風搖曳，河水繞石流潺，彷彿在練太極。「在大自然中，這種情況根本不會發生。」喬許繼續說：「種子必須經過發芽，然後開花、結果、腐化、回歸土壤，然後再經歷這個循環……這需要時間。」

「你擔心過這個實驗能持續多久嗎？」我問。

喬許露出一派輕鬆的微笑。「有幾次錢開始變少了，我問自己：『這個方法有效嗎？值得嗎？』」他停頓了一下，彷彿他的問句不是反詰語氣。

「但我繼續堅持著，我還沒準備好退出實驗室。」

第 7 章

努力工作，早點回家

關於「辦公室福利」的迷思

Work Hard, Go Home

On the myth of cushy office perks

「穴居人找到棲身洞穴，毫無疑問會非常開心，但他一定會站在洞口向外看。保護好自己的背後並觀察外面的狀況，這是生存的絕佳法則，也是職場生存的絕佳法則。」——羅伯特・普洛斯特（Robert Propst）隔間辦公室發明人[136]

我和布蘭登・史普雷格（Brandon Sprague）步行穿過一片紅杉林，他是一位二十九歲的軟體工程師，看起來像年輕版的達斯汀・霍夫曼（Dustin Hoffman），只是頭髮再長一點，早上練硬舉。布蘭登身穿一件沒塞進去的藍色扣領襯衫，搭配灰色奇諾褲以及色彩鮮明的Converse帆布鞋，他告訴我，這雙鞋子的設計是他自己用特定演算法客製而成的。在我們上方，粉紫色日落暈染了北加州的天空，在我們左邊，散落著明亮的紅、黃、藍配色自行車，彷彿被遺忘的玩具。在我們右邊的草地上，一塊潔白的牌子從草叢裡露出，上面用小學生字體寫著：「歡迎來到Google。」

布蘭登對這段路非常熟悉。在這家公司工作的六年間，這是他每天的通勤路線：穿過停滿了特斯拉和餐車的停車場（員工可以免費充電和享用美食），進入紅杉林區，途經一家健身中心、兩家高級咖啡廳（非自助式），還有一條小小的潺潺溪流，最後抵達他的辦公桌。

在這裡，幾乎無法確定Google園區的起點和終點。我們聽到附近足球場傳來的歡呼聲。布蘭登說：「嚴格來說，那些場地是屬於山景城（Mountain View）的，但我想是Google出錢維護的。」我們路過一個有機菜園、一個小瀑布、以及一個和人一樣大的Google倒水滴狀地圖標記。這裡有網球場、園區駐點醫師和供應迴轉壽司的餐廳，我想：「如果我在這裡工作，可能永遠都不想離開。」

布蘭登說：「雖然建築物外觀保持不變，但他們經常改造內部，讓內裝更具Google風格（Googley）。」我把額頭貼在其中一間辦公室的玻璃上，想知道什麼是「Google風格」。一棵假棕櫚樹遮蔽了其中一張辦公桌，充氣沙灘球落在鋪有地毯的走廊地板，牆上掛著一幅寫著「wild」的塗鴉壁畫。因爲我們都不是「Google人」（Googler），所以不能進去一探究竟。

把外界鎖在外面的需要是可以理解的，因爲遊客會從世界各地前來，四處拍攝Google總部園區的造型雕塑。但當我們在星期二晚上七點，路過了一群身處筆電螢幕照明下的Google員工時，我不禁認爲，這種鎖是一體兩面的。

早在謝爾蓋・布林（Sergey Brin）和賴利・佩吉（Larry Page）出生前的幾十年，像喬治・歐威爾（George Orwell）和阿道斯・赫胥黎（Aldous Huxley）這樣的作家已在《一九八四》（*1984*）和《美麗新世界》（*Brave New World*）等書中描繪了科技帶動的反烏托邦場景。「歐威爾警告，我們將被外界強加的壓迫征服。」媒體理論學者尼爾・波茲曼（Neil Postman）寫道：「但在赫胥黎看來，不需要老大哥（Big Brother）來剝奪人的自主權、成熟度和歷史。正如他的觀點，人們將愛上他們的壓迫，去崇拜那些毀掉他們思考能力的技術。」[137]

在Google園區內到處走動，讓我想起了自己在科技行業的經驗。在成爲記者之前，我在一家新創公司上班，早上提供熱騰騰的早餐，傍晚還有瑜珈課程。我曾**#有幸享受到** 風險投資公司資助的生活福利。但我也回想起以前早上八點前被吸引進來，待到日落之後才離開公司的日子，就像一名開在高速公路上的司機，記不得最後五公里的路程一樣。生活變成了工作，而工作變成了一連串不斷重複的日子，難以區別。實際上，能夠輕易延長工作日的便利性，根本不是什麼福利。

一九〇三年，郵購香皂公司拉金香皂（Larkin Soap Company）聘請了年輕的建築師法蘭克．洛伊德．萊特（Frank Lloyd Wright），來打造他們位於紐約州水牛城的「未來辦公室」（office of the future）。正如尼基．薩瓦爾（Nikil Saval）在《隔間：我們如何從十九世紀陰暗帳房走到廿一世紀Google人性化辦公空間》（Cubed: A Secret History of the Workplace）中所描述的那樣，拉金辦公大樓在「其建築、格局、設計和管理的一致概念，似乎預示又解決了管理階層和辦公室員工之間的所有問題。」

萊特的設計爲拉金職員（Larkinites）提供了空中花園、午餐室、澡堂、診所、圖書館和健身房。拉金還會舉辦週五音樂之夜和主日彌撒。也許這個辦公室最大的特點是它的室內中庭辦公空間，自然光從大片的玻璃天窗照射進來，映入中庭，類似購物中心的購物廊。廿世紀初的企業流行標語，如「合作」、「勤奮」、「克制」，雕刻在牆。職員坐在中庭辦公空間，「服裝與髮型相同的女性……被桌角四名男性主管包圍」。[138]

在這個空間裡，辦公室先進的設計和家長式管理（paternalistic management）之間的界線變得模糊起來。拉金打造了一個環境，在這裡員工的每個需求都得到照顧，但同時他們的一舉一動也會受到監督。在廿世紀初期的勞工運動背景下，工會和罷工威脅到管理高層的權力，於是拉金創造了一個全面實施泰勒式科學管理的工作環境，以實踐公司所謂的「工業改良」(industrial betterment)。薩瓦爾寫道：「所謂的員工福利只要稍加想像，也可以視爲社交控制。」拉金大樓(Larkin Building)成了即將出現的矽谷廣闊園區的先驅。

辦公室本身就是一項科技工具，理想情況下能夠幫助人完成工作。但如同任何科技產品一樣，它的使用方法比它能做的事情更加重要。辦公室可以成爲協作的中心，也可以變成企業營造形象的舞台。它可以是深度工作的綠洲，也可以成爲員工向管理者展現他們多麼努力工作的場所。自從Googleplex園區於廿一世紀初開放以來，Google的山景城總部因其福利待遇廣受讚譽。Google員工可以在會議空檔打沙灘排球、預訂桌邊按摩、享用多道菜色的晚餐。然而，所有園區設施的眞正受益者是Google，這一切讓員工留在工作崗位。

除了矽谷之外，其他行業的公司也在計算員工福利的投資回報。例如，一九九〇年代人類學家何柔宛(Karen Ho)在普林斯頓大學攻讀博士學位期間，曾在華爾街擔任投資銀行員一年。她在那裡發現兩項編制的「額外福利」：晚餐和免費搭車回家，這對長時間工作的銀行文化相當重要。如果投行員工留在辦公室工作到晚上七點，他們訂購的餐點可由公司買單。「因爲沒時間採買或煮飯，他們很快就會依賴這項服務，即使偶爾可以七點前下班，也會選擇留下來吃晚餐。」她在《清算：華爾街的日常生活》（Liquidated: An Ethnography of Wall Street）一書中寫道。[139]接著，如果投行員工待到晚上九點，公司會支付他們回家的交通費。根據何柔宛的說法，雖然晚餐和搭車回家可能已讓投行員工加班到很晚，但另一種設備黑莓機（BlackBerry），則讓他們「在家或『渡假』時也仍然被綁在辦公室裡。」

儘管黑莓機已經被淘汰，數位枷鎖仍然存在。職場通訊軟體讓知識工作者（knowledge worker）始終處於半工作的狀態，就像鯊魚睡覺時睜隻眼一樣。「現代知識工作者幾乎沒過幾分鐘就發送或接收某種形式的電子通訊內容。」卡爾．紐波特（Cal Newport）在《沒有Email的世界》（*A World Without Email*）一書中寫道：「說我們過於頻繁檢查郵件還太保守，現實是我們總是不停使用這些工具。」[140]

諷刺的是，職場通訊軟體公司Slack在其位於舊金山的總部，一直竭力阻止其產品所造成的現象。辦公室牆上寫了一句話，概括其公司的工作哲學：努力工作，早點回家（work hard and go home）。

Slack全球設備主管迪亞諾・羅伯特（Deano Roberts）告訴我：「你無法將免費康普茶和人們對工作的滿意度畫上等號。如果員工因爲公司提供免費杯子蛋糕而受吸引，那表示公司還有更多文化問題必須解決。」羅伯特認爲，辦公室的目標應該是盡量讓員工輕鬆地完成工作，然後繼續過他們的生活。

與Googleplex園區相比，我在Slack舊金山總部的參觀之行顯得乏味許多。這裡沒有辦公室的健身房，沒有和人一樣大的巨型疊疊樂，也沒有在走廊上飛奔的滑板車。給人的感覺像是，嗯，工作的地方。但難道這不正是辦公室最適合的狀態嗎？辦公室不需要成爲你的酒吧、健身房或聚餐場所，並不是因爲雞尾酒、辦公室健身房或供應晚餐本身有什麼問題，而是因爲工作應該只是達到目標的手段。工作結束，我們就該回家。

然而，對我那晚在山景城的嚮導布蘭登來說，對於何時下班沒有太多選擇。那是因爲在Google工作的六年間，布蘭登都住在一輛僅九十六平方英尺（不到三坪）大的廂型貨車上，就停在公司的停車場裡。

■

布蘭登．史普雷格在麻薩諸塞州東部的一個藍領家庭中長大。他的媽媽在眼科診所上班，爸爸則是在製作遮陽篷。布蘭登說他的世界觀，很大程度是對父母的一種反抗。他形容媽媽是「廢物控」（stuff-a-holic），容易衝動購買手持按摩器或超市收銀台附近的小東西，爸爸是「男人中的男人」，喜歡騎摩托車，晚上常常在酒吧。

在布蘭登離家就讀麻州大學阿默斯特分校（UMass Amherst）之前，他住過五個不同的家。他告訴我：「對於擁有自己的重要空間來當作避風港的想法，我其實沒有很執著。」布蘭登有張年輕的臉孔和明亮的雙眸，但說起話來帶著穩重的自信，是會認眞思考自己要說什麼的人。雖然他傾向用推文來說話（「任何沒有感覺的東西都是工具」、「當你擁有足夠的錢，再多的錢對你也沒有什麼用」），但他所做的每件事，從選擇的用詞到買襪子的品牌，都經過愼重考慮。每當我問他問題，他都會停下來，彷彿回答前要仔細檢視問題一番。

大學爲了支付學費，布蘭登每週爲先鋒谷交通管理局（Pioneer Valley Transit Authority）工作三十至四十個小時，該機關負責麻州西南部大部分地區的交通。他一開始擔任公車司機，但在工作四年後，他重新編寫了該機關用於管理薪資和路線的軟體（布蘭登十三歲自學編寫程式）。在麻州大學阿默斯特分校讀到大三後，他獲得了Google的實習機會。布蘭登沒有護照，幾乎沒有離開過他的麻州生活圈，但二十一歲那年，他來到加州度過一個夏天。

Googleplex園區的午睡艙、排球場和乾洗服務，可是先鋒谷交通管理局所沒有的。然而，最令布蘭登印象最深刻的，是灣區高昂的生活成本。在矽谷的那年夏天，他和三位室友合租一套兩房公寓，每人月付兩千多美元的租金，布蘭登對於將薪水大半都交給房東感到不滿。因此，在接受Google全職工作後的那年，他開始思考如何在享受灣區生活好處的同時，避免承擔昂貴的成本。

二〇一五年五月，布蘭登揹著兩萬兩千四百三十四美元的學貸、幾百塊美元的銀行存款和一個計畫，搬到了加州。距離成爲全職Google人的第一天上班日還有兩個星期，要領到第一份薪水才能拿到搬家津貼（relocation bonus）。幸好，Google爲新員工提供了臨時的園區住宿（當然就是「G套房（GSuites）」），讓布蘭登在上班前有地方落腳。他向當地信用合作社貸了九千五百美元，然後開始尋找一輛可以當成家的車。

布蘭登來到專營二手貨卡的「綠燈汽車」（Greenlight Motors），符合一萬美元預算的選擇並不多。不過，在停車場後面，有輛老舊的白色廂型貨車，側邊殘留著褪色的「Budget」橘色標誌，其中一顆大燈已經鬆動、車頂有裂縫、底盤也需要重新密封。儘管如此，這輛貨車還是引起了布蘭登的興趣。

他想起小時候在奶奶家度過的時光。奶奶有一套陶瓷握柄的舊銀器。某天，她注意到布蘭登會避開那些握柄裂開和破掉的湯匙。「你要知道，布蘭登，破湯匙也需要愛。」她對他說。

看著那輛破舊的十六英尺廂型貨車，奶奶的話語浮現心頭。他告訴我：「你知道嗎，我當時心想，我可以愛護這輛車，把它清理乾淨，進行必要的修理。」他當場買下了這輛車。

布蘭登從全職上班第一天到接下來的五年裡，都睡在這輛停在 Google 園區或附近的貨車上。大約一年後，公司聽到風聲，得知有一名員工，而且是年薪六位數的軟體工程師，定居在公司停車場的廂型貨車裡，從此禁止員工在園區內的車輛中睡覺。布蘭登開始把車停在馬路對面。

談到劃清工作和生活的界線時，並非每位工作者都有相同的偏好。華頓商學院管理學教授南希．羅斯巴德認為，廣義上有兩種類型的工作者：一種是「整合者」(integrators)，不介意工作和家庭之間界限模糊的人，另一種是「分割者」(segmentors)，強烈希望工作和私人生活劃清界線的人。

在羅斯巴德的一項研究中，她與一位當消防員的「分割者」相處了一段時間。[141]他每次輪班結束都有個固定儀式：換上夾腳拖，開車回家，然後直接進浴室。他有一個規矩，絕不將工作靴帶進屋子裡，洗完澡和更換衣服之後才會抱孩子。對他來說，從肉體上和象徵意義上的「脫掉工作」非常重要，這樣他才能充分融入家庭生活。

另一個極端案例是，羅斯巴德在華頓商學院的同事亞當・格蘭特（Adam Grant），他不介意工作和生活之間的界限變得模糊。[142]他在羅斯巴德的Podcast中這樣說：「在遇見我太太以前，我認爲理想的週六就是從早上七點工作到晚上九點，一想到哪封郵件還沒回覆，我就渾身不舒服。」

格蘭特期待工作，工作能給予他能量而不是消耗。「這就好比說，『我要去看電影，然後看完需要恢復元氣』一樣。」格蘭特開玩笑地說：「爲什麼要這樣？你去看電影就是因爲覺得興奮、電影很有趣才去的。」

無論你的工作是否需要撲滅有形還是無形的火焰，了解自己落在「整合者——分割者」光譜中的哪個位置，可能有助於你建立健康的界線，或向主管明確表達你的偏好。例如，分割者可能更喜歡遵循預定的工作時間表，而整合者可能更喜歡在工作之間穿插個人任務，像是運動或照顧孩子。

管理者也應該留意，因爲相同的政策對於不同的員工可能效果不同。整合者可能會喜歡靈活的截止日期，這樣他們可以按照自己的時間表完成工作，然而，靈活的截止日期可能會讓分割者感到壓力，因爲他們更喜歡明確的時間安排。

在Google上班的前幾年，布蘭登是一位整合者，[143]他的上下班時間幾乎沒有區別。每天，他在天快亮的時候起床，然後到公司健身房鍛鍊，去公司浴室洗澡，在公司餐廳解決完三餐才回家。幾乎所有的朋友都是Google同事，他會舉辦「Truck-or-Treat」貨車萬聖節派對，邀請同事過來觀賞投影在貨車白背景的《女巫也瘋狂》（*Hocus Pocus*）。他在同一棟辦公大樓裡洗衣服，然後中間空檔又自然而然地回到辦公桌前。沒有行程安排的晚上，他逗留在辦公室，一直編寫程式，直到睡覺時間。

他當時在個人部落格上寫：「不是我的工作量太大，只是我不知道還能做什麼。」[144]這種辦公室生活大概維持了六個月後，布蘭登發現他把百分之七十到八十的清醒時間，都花在推動Google的業務目標上面。這樣不行，需要做點改變。他意識到自己在處理任何交給他的問題時，已經變成一具「毫無目的地不斷工作的殭屍」。

布蘭登知道他需要更有意識地區分工作與非工作的時間，所以他決定進行一些調整。他明白光有意願減少工作還不夠，必須積極爲自己的非工作時間創造空間。他執行了一個將工作和其他生活區隔的流程。

他的第一步是設定固定的工作時間。布蘭登每天從早上八點工作到下午四點，下午四點時，他會換個地點，無論是到園區內的其他地方、附近的公園、還是山景城市中心的咖啡廳。雖然大部分時間還是在園區內用餐，但他刻意不在同一棟大樓的餐廳吃晚餐。幾年下來，布蘭登的新例行事項和界線進行的相對順利。但是，新冠肺炎疫情改變了一切。

二〇二〇年三月，Google 關閉辦公室時，布蘭登實際上失去了他家的一部分。他租了一個星期的 Airbnb，然後又租了兩個星期，最後意識到他依賴的健身房和餐廳不會很快重新開放，如果想有個固定的地方洗澡，他需要自己的公寓。

他的貨車繼續留著，並在加州海岸租了一年的房子，將他在辦公室生活的作法帶到了在家工作的新生活中。他每天繼續按固定的時間工作，並且只在他的辦公桌前工作，這張桌子除了工作以外，不會拿來做其他事情。「我上班時，就在那裡工作，沒上班就不會在那裡。」他告訴我。

布蘭登也決定明確地定義自己想要工作在生活中扮演的角色。「對我而言，工作一直是一種工具，一個達到目標的手段。」他告訴我：「特別是在Google，這裡擁有非常強烈且活躍的企業文化，你必須決定是否希望這種文化成爲你自己內心的文化。」

布蘭登的答案是否定的，對於一個曾經每天早上在辦公室醒來的人來說，這個答案可能顯得很奇怪。但布蘭登知道，個人與職業之間有多麼容易重疊。即使是微妙的區別，比如稱自己是在Google工作的人，而不是「Google人」，都能提供一個語義層次，加強掌控了工作在生活中扮演的角色。

無論是分割者還是整合者，新冠疫情帶來了一系列新的挑戰。當工作與生活的空間和時間區隔消失後，知識工作者只能自行劃定界線。根據美國國家經濟研究局（National Bureau of Economic Research）針對三百多萬名工作者進行的研究發現，居家辦公導致會議次數增加了百分之十三，工作時間延長了百分之八，也就是平均每位工作者的工時增加了超過四十八分鐘。145

研究人員寫道：「工作日程改變可能是工作和個人生活界限模糊的結果，由於辦公室和家庭之間缺乏明確的界限，因此容易加班。」在這段失業率創新高期間，對於那些還能保住工作的人來說，疫情期間在家工作的感覺，更像是在辦公室睡覺而不是在家工作。尤其是像貝弗利·索特洛（Beverly Sotelo）這樣，在家中邊工作邊帶孩子的人，感受特別明顯。

貝弗利是加州奧克蘭一名小學老師，疫情期間，她在三百八十二平方英尺（十坪左右）的單房公寓裡教一年級的學生，同時她的五歲女兒希莎（Cisa）在旁邊上幼兒園遠距課程。「我不能當全職媽媽，因爲我必須先當個老師。」貝弗利告訴我。但身爲單親媽媽，疫情迫使她和其他許多父母一樣，必須嘗試同時扮演兩個角色。

貝弗利在公寓一處爲女兒安排了位置，筆電擺在椅子上，然後自己在另一處戴著耳機教課。每隔一到兩個小時，貝弗利讓一年級學生暫時自己畫畫，這樣她就可以關掉鏡頭確認女兒狀況。貝弗利一度在公寓中間搭了帳篷，以便她偶爾能有一點自己的空間。「那簡直是地獄，我不知道還能說什麼。」她對我說。

不過，即使在新冠疫情以前，許多辦公室都充滿了干擾因素，就像一間有五歲小孩的單房公寓一樣。開放式辦公室的格局已經成了矽谷和其他地方普及的設計，卻未能實現其開放溝通與效率方面的承諾。如同薩瓦爾在《隔間》中所描述的：「不同部門或不同級別的兩名員工可能偶然相遇，透過他們不期而遇的摩擦燃燒出一個火熱的創新想法。」管理階層喜歡吹捧辦公室中的「茶水間魔力」，但沒有證據支持面對面辦公對於創造力或合作是重要的。[146]

事實上，研究顯示，在開放式辦公室計畫中，工作效率和面對面的溝通實際上都會降低。[147]報告顯示，員工表示他們因爲工作時間更長而感受到壓力，且參與程度下降。開放式辦公室「既是一種削減成本的方法，也是一種讓辦公室裡的每個人都知道其他人在什麼時候做什麼的方法。」記者安妮．海倫．彼得森指出：「與曾經不可或缺的私人辦公室不同，對大多數人來說，開放式辦公室實際上讓完成工作變得異常困難，而且會不斷被干擾，如果你戴上耳機，還會被認爲是一個沒有什麼團隊精神的冷淡婊子。」[148]

布蘭登解開瑪斯特防盜鎖（Master Lock），拉起捲門，讓我瞧瞧他的移動住處，內部的極簡擺設令人驚訝，那是二〇二二年一月。過去七年，布蘭登大部分時間都把這個空洞的廂型貨車當作自己的家。

貨車內部看起來像是一九八〇年代對未來監獄的詮釋。裡面只有兩件傢俱，亞馬遜購入的金屬床架，上面擺放雙人泡棉床墊，然後一個收納高櫃，兼具衣櫥、書架和藥箱等功能。布蘭登只放了大約一週的衣物，外加兩件始祖鳥外套和一套特殊場合使用的亮片人魚裝。牆上貼著銀色隔熱板，用皇家藍油漆膠帶黏在一起。「我沒想過要把這輛車弄得太舒適。」布蘭登告訴我：「重點是要多待在外面。」

布蘭登有越來越多時間待在外面。因爲一年前，布蘭登決定離開Google，「一直盯著同樣的四面牆，只會感到厭倦。」他說，聲音沒有一絲諷刺。二〇二一年初，他加入了一家只有八人的新創公司，辦公室沒有園區咖啡廳或洗衣房，他說：「這只是一份工作而已。」

參觀完布蘭登的住處，我們一起開車去他在Google園區附近的郵政信箱取信。貨車的駕駛室非常簡陋，除了駕駛座旁有支泡泡棒，以便塞車時布蘭登可以拿來吹泡泡。我們沿著國道一〇一號（highway 101）南下，經過科技公司辦公室和莫菲特聯邦機場（Moffett Federal Airfield），Google在那裡獲得美國國家航空暨太空總署（NASA）的特殊許可，讓高層主管們可以停放私人飛機。[149]

「我對自己一生中的所有好運感到非常內疚。」伴隨著金屬門在駕駛室與拖車之間發出的鏗鏘聲，他對我說：「我認爲內疚感是一股強大的動力，所以我要利用它。」

布蘭登希望將一部分的內疚轉化爲他事業的下一篇章。他計畫搬去俄勒岡州南部，與一位Google前同事共同創辦非營利組織。他們打算將組織命名爲「矽谷盟友」（Silicon Ally），旨在爲那些致力於解決氣候變化和收入不平等的非營利組織提供優惠的科技諮詢服務。

沒有雇主提供的淋浴空間和膳食，留著貨車也沒有什麼意義。布蘭登在切換車道時不帶感情地說：「貨車是我生活中用來做特定事情的工具，如果不再做那件事，也就用不到這輛貨車了。」在我來拜訪的前一天，他已經把貨車放到待售清單。

布蘭登的理念明確清楚，讓人對他的印象耳目一新。當時我偶然間發現他的部落格，第一次聯繫他時，我不知道可以期待什麼。我認為，一位軟體工程師住在公司停車場的貨車裡，可能會是有趣的研究案例，能說明生活完全被工作吞噬的危險性。但布蘭登的故事更加細膩。無論是否做出與布蘭登相同的選擇，對於我們這些有幸能夠選擇工作如何融入生活的人來說，最重要的是積極做出選擇，否則，工作就會像氣體一樣膨脹，塡滿所有可用空間。

坐在舊金山的辦公桌前，我當然無法告訴你哪種工作與生活之間的安排最適合。也許你像布蘭登一樣是分割者，需要明確劃定工作和非工作的界限。又或者你是整合者，不介意一整天的工作任務不斷變化。

我能告訴你的是，要建立與工作更健康的關係，首先要明確定義想要的是什麼樣的工作關係，如果你不定義，你的老闆會很樂意幫你定義。坐在布蘭登貨車的副駕駛座上，視野變得非常清晰。

第 8 章

地位遊戲

關於「地位等於成功」的迷思

The Status Game

On the myth that status equals success

「等你們到了我這個年紀，衡量人生成功的真正標準，是你希望愛你的人當中，有多少人真的愛你。」——華倫．巴菲特[150]

打從有記憶以來，凱希（Khe Hy）就把世界看成一系列的遊戲。身爲紐約市第一代柬埔寨裔美國人的子女、宅男，他的第一個遊戲就是找尋歸屬感。一九九〇年代初就讀小學時期，凱希是那位有個奇怪名字的小孩，他沒有錢買最新款的喬丹球鞋，到了青少年時期，管教嚴厲的父母也禁止他約會。因此，凱希從小便將注意力轉移到賺錢上面。

凱希的遊戲計畫很簡單：只要賺夠錢，就能獲得地位，有了地位，他再也不會覺得自己像局外人。他把目標放在上大學後，打算重新改造自己。與此同時，他也不斷努力著，中學時候，凱希收集漫畫書和棒球卡，不是因爲他喜歡，而是因爲他發現它們會隨著時間增値。到了五年級，他早已是史岱文森鎮（StuyTown）跳蚤市場的常客，靠著出售卡片賺取利潤。

高中時，凱希對當時新興網路的賺錢潛力感到著迷。他知道當地的企業很快就會需要自己的網站，所以自學了基本的HTML語法後，凱希向父母的朋友們推銷自己的服務，為旅行社和花店等商家架設網站。這時，凱希的生活圈以兩個目標為主：賺錢和進入名校。兩個都成功了。從事副業的同時，凱希以優異成績從聯合國國際學校（United Nations International School）畢業，然後錄取耶魯大學。

大學期間，遊戲仍在繼續。凱希的主修科目之所以選擇電腦科學，是因為畢業後的平均工資最高。他在圖書館諮詢台找到一份學校工讀的機會，可以同時「賺錢和學習」，週末還去兼差當搬運工，賺點零用錢。大一的時候，他已開始思考畢業後的生活，目標仍然是讓自己的收入最大化，而在耶魯這樣的學校中，最簡單的方法就是參加所謂的校園徵才博覽會。

鮮少滿腔熱情的高中生會在大學申請書裡寫下他們的夢想是進入金融和顧問行業，然而這些行業仍然是精英大學畢業生最受歡迎的就業目標。其中一個原因：這些公司會主動接近學生。每年春天，幾十家公司帶著公事包和精美的宣傳手冊來到校園，渴望招募下一批實習生和初級分析師。而像凱希這樣有抱負的大學生們，無論是主修政治或是詩歌文學，都會把背心和運動褲換成西裝外套和窄裙，希望在頂尖公司中爭取一個職位。

就像精英大學一樣，銀行和顧問公司之間也有一個默認的排名。麥肯錫（McKinsey）和高盛（Goldman）位居榜首，貝恩（Bain）、摩根士丹利（Morgan Stanley）和波士頓顧問公司（Boston Consulting Group）也爭搶優秀人才。在徵才說明會上，各家公司代表對自己獨特的企業文化和實習生能獲得的廣泛技能極盡溢美之詞，但大多數學生對這些公司真正吸引人的地方並沒有太多幻想，而是關心最高薪資是多少。一九九〇年代後期凱希尋找工作的時候，情況尤其如此，矽谷當時尚未成熟。

和許多移民家庭一樣，凱希的父母向他灌輸了努力工作和擁有穩定職業的重要性。他父親以前常說：「我們可能不是最聰明的，但我們是最努力的。」可是在成長過程中，凱希也見到了金錢壓力如何重壓在他中低產階級父母的肩膀上。凱希童年時期最深刻的回憶之一是，有一次家裡省吃儉用好個月終於買了一台新的印表機，結果小凱希親眼目睹小偷從他父親手中搶走了印表機。他們再也沒有買過新的。

凱希即將畢業時，在他看來，只有四種工作值得關注，也就是說，只有四種工作的收入夠多：律師、銀行家、工程師或醫生。凱希選擇銀行業，他仍然堅持自己的遊戲計畫，賺錢、獲得地位、找到歸屬感。

在徵才過程中，投資銀行展示了這個行業的奢華魅力。他們派黑色轎車去接凱希，載著凱希和他同學去新海芬（New Haven）頂級餐廳享用美食。年輕副理請凱希喝了五十美元的威士忌，並對年終獎金和豪華客戶晚宴讚不絕口。投資銀行的升遷制度非常清晰，從實習生到分析師，到副理、副總裁（VP）、再到董事，凱希已經看到一條通往頂峰的道路。

作爲銀行家的前十年，凱希升遷迅速。大學暑假和畢業後幾年，他都在華爾街工作，後來進入全球最大資產管理公司貝萊德（Blackrock）。但儘管已在職業生涯上取得巨大成就，他卻開始有種隱隱約約的不安感，覺得自己沒玩對遊戲。他看到他的上司們，那些他理應追隨其腳步的專業人士，星期六早上還要參加電話會議，孩子們則在背後玩耍。他每週經常工作七十個小時，且對於那些獎金略高的同事越來越不滿。那些豪華晚宴和新款喬丹球鞋已經失去了光彩。

這種不安的感覺就像凱希鞋裡一直卡著一塊小石子，但他不去理會，繼續把目光投向下一個目標。他在二十八歲時買下他的第一間紐約市公寓；三十歲之前，達到了年薪百萬美元；三十一歲，他被升爲該公司歷來最年輕的董事總經理之一。總是會有另一筆年終獎金或另一次晉升機會，來暫時麻痺他的存在感恐懼（existential dread）。但每一次，凱希也對這些物質成就更加免疫了一點。凱希告訴我：「成功就像一種癮，第一次得到成功，你會開始產生幻覺。但就像你每天都吸煙，你需要在早上吸十口大煙才能感覺正常。」

三十三歲那年，凱希醒來要去參加一位最好朋友的婚禮時，長久以來的問題達到了臨界點。他女友發現他頭髮掉了一大撮，後來他才知道這是因爲壓力引起的落髮。他們再幾個小時後就要出發參加婚禮，凱希著急地在網路搜尋緊急補救方案，他在當地的杜安里德（Duane Read）連鎖藥局找到一瓶掉髮遮瑕膏，基本上就是覆蓋頭髮稀疏部位的噴霧漆。

眼前這位男士是外在各項成就都達標的人。他是高中畢業生致詞代表，耶魯大學畢業，亦是全球最大資產管理公司史上年紀最輕的董事總經理。然而，他的壓力卻大到頭髮脫落。十五年來，凱希一直以爲，有天銀行帳戶裡的存款會消除所有的煩惱，但當他看到鏡子裡的自己，一位三十三歲頭髮稀疏的男人，黑色噴漆都滴濺在燙整過的白襯衫上了，顯然，財富和地位並沒有讓他更快樂。

當我們說一個人成功時，通常不是指他們快樂或健康，而是指他們賺很多錢，這是美國人不太願意承認的眞相。在二〇一九年的一項調查中，當被問到「你個人如何定義成功？」時，百分之九十七的受訪者同意以下說法：「一個人如果追隨自己的興趣和天賦，盡自己所能做自己最關心的事情，那就是成功。」但在回答「你認爲別人如何定義成功？」這個問題時，只有百分之八的受訪者給出相同的答案。另外百分之九十二的受訪者則同意「別人」會根據「是否富有、是否有一份引人注目的職業、或者是否有名氣」來定義一個人成不成功。[151]換句話說，大多數受訪者認爲別人是根據地位、名聲和財富來定義成功，卻只有不到百分之十的人承認自己也用同樣的標準來定義成功。

即使有人聲稱他們對成功的定義不是取決於財富、名聲和地位，並不代表他們的行爲也是如此。根據記者大衛．布魯克斯（David Brooks）的說法，美國人主要受到他所謂的「履歷美德」（resume virtues）所驅使，也就是可能出現在你履歷表上的成績、職稱和獎項等美德。[152]「履歷美德」代表一種外在的野心，一種經由他人注視而得到認可的野心。而在社群媒體時代，每一個簡短的自我介紹和個人動態更新，都是對外展現我們成就的機會。

凱希的人生就是履歷美德的寫照。他從中低產階級的教養環境一路闖蕩，爬到百分之一的高收入階級。凱希的地位、教育和財富，代表了我們社會所認爲的成功巔峰。然而，他卻很不快樂。

凱希玩的這種地位遊戲，與學生爭取高分、求職者角逐有聲望的職位、以及員工追求加薪和升職的遊戲，是相同的。只要人類聚在一起，這種競賽就會一直進行，但這也是造成人類普遍痛苦的原因。

對我們的祖先來說，地位關係到生存問題。更高的地位意味著更容易獲得糧食、伴侶和安全。今天的情況也是如此，地位較高的人在約會市場上更幸運、獲得貸款的機會更大、也能獲得更好的醫療資源。[153]正如羅瑞塔·葛蕾吉亞諾·布魯寧（Loretta Graziano Breuining）博士在她的書《地位遊戲：我們爲什麼參加和如何停止》（*Status Games: Why We Play and How to Stop*）中所寫：

「在自然狀態下，社會比較（social comparison）攸關生死後果，因此天擇形成了一個大腦，以生死攸關的大腦化學反應來應對社會比較。」[154]當我們獲得更高的地位時，大腦會釋放血清素作爲獎勵，但血清素只是短時間釋放，而且會迅速代謝掉，當最初的快感逐漸消退後，我們追求的渴望也會越來越強烈。

地位可以激勵我們追求卓越，但也可能讓我們對它產生依賴。不斷爭奪地位的工作，會讓我們感到焦慮、緊張和沒有成就感，這種過程在位階明確的工作場所特別明顯。在職場上，薪資決定了我們的價值，職稱讓我們確定彼此的相對位置，升遷的承諾促使我們不斷往前邁進。然而，當我們沒有先確定自己的價值就進入這場遊戲時，問題就會出現，如果我們的自我價值感只和外在獎勵綁在一起，我們可能一輩子都在追逐紅蘿蔔，卻始終感到不滿足。

芝加哥大學哲學家艾格尼斯．卡拉德（Agnes Callard）告訴我：「我們追求地位是因爲我們不了解自己的喜好。當我們不相信自己爲『好』下的定義時，就會讓他人來爲我們定義。」當然，卡拉德明確指出，這不完全是件壞事，獎項和認可等地位的象徵，可以激勵我們達成目的。但當我們把他人的價值觀當成自己價值觀時，就會破壞了自己的自主權。我們不去決定自己對成功的定義，而去架上買現成的定義。

在某些情境之下，追求地位具有明確的目的。以電玩遊戲為例，大多數遊戲都建立了一個明確目標和可排名的成就：例如「小精靈」(Pac-Man)必須吃掉所有點點、瑪利歐必須拯救公主。這些電玩遊戲都提供了哲學家阮氏(C. Thi Nguyen 音譯)所稱的「迷人的價值明確度」。[155]得分、打敗大魔王、贏得勝利。

正如凱希所發現的，投資銀行等工作也提供了相似的價值明確度。成功是由你為公司和自己賺多少錢來衡量的。晉升、獎金和加薪，如同小精靈迷宮中的點點，標示著通往成功的道路。

這些指標之所以迷人，是因為它們的簡單性。阮氏指出：「你可能對成功有複雜而個人化的定義，但一旦有人向你呈現這些簡單的量化價值，尤其是那些在整個公司、機構或社群間共享的價值，這種明確度會勝過你那些更微妙的價值觀。」換句話說，採納遊戲的價值觀比確定自己的價值觀更容易。阮氏稱此現象爲價值俘虜（value capture）。

在日常生活中，價值俘虜的例子不勝枚舉。你買了 Fitbit 智慧手環是想要改善健康狀況，後來卻沉迷於追求更多的步數；你成爲教授是爲了啟發學生，後來卻念念不忘你的論文引用率；你加入 Twitter 是想要與他人建立聯繫，後來卻總想著貼文的病毒式傳播。當然，追求更多的步數、引用次數或轉推次數，對於這些地位遊戲所在的平台是有利的。

《美國新聞與世界報導》（*U.S News & World Report*）的高等教育排名就是一個例子，說明價值俘虜現象如何體現在院校機構層面。在那之前，法學院的標準化排名並不存在，每所法學院都有自己的使命和專業領域：也許這所學校注重法學理論，而另一所學校優先考慮企業訴訟。爲了挑選學校，學生們必須確定對他們來說重要的是什麼，並選擇符合他們獨特品味的學校。但《美國新聞與世界報導》的排名改變了這一點。

在一項長達十四年的研究中，溫蒂・尼爾森・埃斯柏蘭德（Wendy Nelson

Espeland）和麥可・邵德（Michael Sauder）研究了法學院的排名系統如何成爲「焦慮的引擎」（engine of anxiety）。[156]他們在報告中指出，各大院校重新調整招生錄取標準和教學優先次序，以符合排名的優先項目，即強調等第績分平均（GPAs）、法學院入學考試（LSAT）成績和畢業生就業率。許多學校基本上取消了各自不同的專業和使命，轉而從事可能有助提升學校排名的活動。埃斯柏蘭德和邵德發現，排名在學生的入學決定中占主導地位，排名「最佳」的學校，成了學生眼中的「最佳」學校。

問題不完全是《美國新聞與世界報導》創造了關於卓越的標準。問題在於，當學生和學校機構把排名內化爲標準後，他們就不再費心去探究他們自己重視的價值。當別人決定了成功的含義，自己也就不用定義成功對自己來說意味什麼。

我站在職業生涯的十字路口上，對此深有體悟。從事科技業五年後，我對企業簡報和行銷宣傳的熱情消滅。我整天都在寫廣告和公關提案，但我想成爲一名眞正的作家，於是決定攻讀學位來合理化我的意圖。我申請了哥倫比亞大學、加州大學柏克萊分校和史丹佛大學享負盛譽的新聞學課程。

提交申請感覺像是朝著我自己認爲的目標邁進。有些方框需要勾選、有些文章要寫，我過去一直在學術圈穿梭，所以很擅長那個遊戲。然而，與法律或醫學不同，新聞學位並不是進入新聞領域的必備條件，只不過因爲家裡的人都讀了研究所，我沒多想就申請了，直到錄取後，我才被迫去思考自己是否眞的想去。

我向我的人生導師、作家羅賓．史隆（Robin Sloan）徵求建議。細雨紛飛的早晨，我們在奧克蘭高速公路交流道下的某處碰面，趕在上班前喝了杯咖啡。聽完我喋喋不休講述我腦中草擬的利弊清單後，羅賓直接點出問題：「如果你可以去，但不能告訴任何人，那你還會去念嗎？」

我非常感謝這個問題。這是我第一次考慮到自己的內在動機。我是眞的對學習感興趣、還是單純想要有一個碩士學位？後來我決定去讀研究所，也很開心我這麼做了。但如果不是羅賓問了這個問題，也許我永遠不會排除別人的看法，花時間問問自己，對我來說最重要的是什麼。

公開的排名和獎勵甚至在我們上小學之前，就能改變我們的行為。在一個關於動機的經典實驗中，三位研究人員馬克・賴波（Mark Lepper）、大衛・格林（David Greene）和羅伯特・尼斯彼特（Robert Nisbett）觀察了當地一所幼兒園的學童如何運用他們的空閒時間。在確定哪些孩子會把時間用來畫畫後，他們將這些會畫畫的學童分成三組。

實驗開始時，他們讓第一組學童看看「優良小畫家」證書，上面有金色星星、紅色緞帶和名字的證書，他們告訴這組學童，如果有畫畫，就可以得到這份獎勵；第二組沒有看到任何證書，但仍告知學童如果選擇畫畫，活動結束會獲得獎勵；第三組則是完全沒有出示證書或告知獎勵。

實驗兩週後，研究人員回到教室，觀察學童們的空閒時間。實驗的第二組和第三組學童，畫畫時間和以前一樣。但第一組學童，也就是知道畫畫之後可以獲得獎勵的組別，花在畫畫上面的時間比實驗之前少。抑制學童畫畫的興致，並不是獎勵的存在，而是預期獲得獎勵的心理期待。

隨後發表的這篇論文《以外在獎勵抑制孩童內在興趣》（*Undermining*

Children's Intrinsic Interest with Extrinsic Reward），已成爲解釋人類動機最常被引用的心理學研究之一。[157]賴波、格林及尼斯彼特得出結論，當外在獎勵承諾出現時，從活動中獲得的內在滿足感可能會減少。

研究人員多次對其他學生族群和成年人進行這項實驗。再次發現，在活動中附加獎勵後，活動便從玩樂變成了工作。正如丹尼爾．品克（Daniel Pink）在二〇〇九年出版的《動機，單純的力量》（*Drive: The Surprising Truth about What Motivates Us*）一書中寫道：「條件式獎賞需要人放棄若干自主權……激勵籃的底部可能就此出現一個破洞，讓這項行爲的樂趣慢慢流失殆盡。」[158]

當外在獎勵取決於你以某種方式執行的能力時，無論是在學校裡讀書還是在工作中開車，都會改變你與活動的關係。我們憑直覺知道：完全爲外在獎勵而工作，很少能帶來持久的滿足感。正如那句老話：「多少錢才足夠，洛克菲勒先生？」「再多一點就好。」*

* 這段廣爲人知的對話，據傳爲美國實業家約翰．D．洛克菲勒（John Davison Rockefeller）所說。傳達了一種對財富的上癮心態，無論擁有了多少，人們總是想要更多。

凱希的早年生活被「如果A就B的條件式」思維所支配。「如果我取得好成績，就能進入一所好大學」、「如果我進入一所好大學，就能找到一份高薪工作。」、「如果我有一份高薪工作，就買得起高檔精品。」、「如果我買得起奢侈品，我就會快樂。」但是，隨著凱希獲得越來越多想要的東西，不僅勝利的感覺不再那麼有意義，他的欲望目標也不斷移動。

哈佛商學院教授麥可·諾頓（Michael Norton）在一項針對兩千多位百萬富翁的研究中，證明了這種不斷移動目標的現象。他向這些百萬富翁提出兩個簡單的問題：一分到十分，你的快樂程度有多少？你還需要多少錢才能達到滿分十分？無論是擁有一百萬、兩百萬，還是五百萬美元，受訪者的回答都一樣：「如果擁有比現在再多兩到三倍的錢，我會更快樂。」[159]

「如果A就B的條件式」陷阱也經常困擾著精英運動員。經過十個NBA賽季、八次入選全明星賽、獲得四次得分王和一次最有價值球員（MVP），NBA傳奇人物凱文·杜蘭特（Kevin Durant）終於在金州勇士隊（Golden State Warriors）拿下他的第一座NBA總冠軍。但獲勝後的那年夏天，他變得疏離和沮喪。當時擔任勇士隊顧問的史蒂夫·奈許（Steve Nash）這樣形容：

「他在找尋這一切的意義。他以爲拿到總冠軍會改變一切，卻發現事實並不然。他沒有因此感到滿足。」[160]

麥可．費爾普斯（Michael Phelps），史上最多奧運獎牌的得主，在參加他第二次奧運會後也表達了類似的空虛感。[161]這位游泳選手對《紐約時報》說：「這就像我們做了我們可能夢想的最大夢想，然後實現了。那麼現在我們該怎麼辦？」費爾普斯的倦怠感，導致他陷入藥物濫用（substance abuse）和憂鬱的漩渦之中。

依賴外在的成功標誌，可能會讓任何領域有抱負的專業人士永遠感到不滿足。這並不是說野心和成就必然是壞事，但爲了滿足靈魂最深處的渴望，我們的價值觀和我們所參加的遊戲必須保持一致。也就是說，我們需要確保我們對於成功的理解，眞正屬於我們自己。

阮氏認爲克服價值俘虜的解決辦法，就是所謂的「價值自決」（value self-determination）。價值自決也就是弄清楚你自己關心的是什麼。確定自己的價值觀，可以讓你根據自己獨特的個性和生活環境來定義成功。玩完一款電玩遊戲之後，玩家通常會停下來，問自己這款遊戲值不值得、是不是消磨時間的好選擇。但在職業生涯中，這種內建的停頓機制很少。對凱希來說，情況確實如此，他的生活發生了一系列的轉變，才意識到自己一直遵循的價值觀，實際上並非他自己的價值觀。

某天下午，凱希在貝萊德的一位下屬，向他請教是否該攻讀商學院。對於想在金融界追求升遷的人來說，獲得工商管理碩士（MBA）文憑是值得的。凱希認爲，商學院或許能讓他的下屬完善教育訓練，並暫時遠離華爾街的繁忙壓力，所以建議他試試看。下屬聽從凱希的建議，選擇去念了商學院。

然而，凱希的一位上司得知此事後勃然大怒，他大聲嚷著：「他是我們最優秀的員工之一，我不敢相信你居然讓他離開。」凱希知道自己加入金融界的原因是爲了賺錢，但與上司對話的那一刻，他被迫正視公司價值觀與自己價值觀背道而馳的事實。公司只在有利於自身的情況，才會關心員工的福利。

後來，在二〇一四年，凱希的妻子生下了他們的第一個女兒蘇莉亞（Soriya）。凱希告訴他最要好的知心朋友們，說他覺得不快樂，考慮離開貝萊德，他們則是回說「這樣太冒險了」或「那你女兒怎麼辦？」之類的話。但想到剛出生的女兒，對他來說並不是阻礙，而是一種啟示，凱希最終決定離開他已經厭倦的工作。

爲人父以後，讓他重新思考生活的意義。他告訴我：「我意識到，最冒險的事情是我的孩子看著他們的父親對工作失去興趣，只爲了錢而工作。」年終獎金不再是他的北極星，成爲父親激勵他改變自己的方向。

二〇一五年，凱希離開貝萊德，再次讓他的老闆們驚愕不已。在貝萊德集團，凱希擁有工作保障、年薪七位數和令人稱羨的職稱，但他的上司沒有看出凱希已經失去了參加金融遊戲的熱情。凱希這時三十五歲，身邊有一個剛學走路的幼兒，一個剛從繪畫藝術碩士課程畢業的妻子，而且還沒找到下一份工作。

等到最初離開金融界的衝動消退後，問題開始出現。他的朋友和前同事都在問：「你下一步要做什麼？」蘇莉亞托兒所的一位家長只問了一句「你是做什麼的？」就讓凱希陷入存在感恐懼的漩渦之中。

遊戲會告訴我們到底應該做什麼，以及我們做得如何。[162]根據阮氏的說法，遊戲提供了某種存在感的慰藉。因此，離開貝萊德不到幾個月，凱希就開始尋找新的遊戲。他考慮加入一家科技公司，也嘗試過提供人生指導，還一度想過要成立風險投資公司，但這些感覺都是新瓶裝舊酒，換湯不換藥。它們依然是凱希過去尋求地位而玩的遊戲，而不是對工作本身的喜悅。但凱希很快發現，有一項活動讓他感覺時間過得很快。

■

在新獲得的自由時間裡，凱希每天都在聽Podcast、閱讀雜誌文章和觀看YouTube影片。他開始發送電子郵件給三十六位朋友，附上他大力推薦的內容連結。凱希感覺自己像是高中生在製作混音帶，開心地替別人挑選東西。第一封郵件的主旨欄說明了一切：「我最近假期看過的一些精彩內容」，裡頭有四個文章連結、兩則YouTube影片和一個Podcast節目，最後一行眞誠地寫著：「不確定下一次什麼時候還會有。」

這封郵件引起了共鳴，幾乎每個收件人都回覆他們很喜歡這些推薦，有些朋友甚至還轉發給其他人。這對凱希來說是某種信號，暗示他找對了什麼。他開始發送更多的推薦郵件，收件人清單也不斷增加。最後，他決定將這份電子報命名爲「RadReads」，RadReads 成爲凱希接下來的舞台。

如今，這份電子報擁有超過四萬名訂閱者，[163] 凱希和他的家人從曼哈頓搬到了加州的曼哈頓海灘。現在他靠著自己的 RadReads 電子報和「充實你的生產力（Supercharge your Productivity）」線上課程賺錢生活，這門課程主要是幫助高技能專業人士，在不加班或使用各種工具的情況下，更有效地完成工作。

凱希承認，離開華爾街的繁忙工作，卻教別人如何提高工作效率，聽起來很諷刺。但凱希認爲提高工作效率只是一種僞裝，眞正的目的是幫助別人建立更符合他們價値觀的生活。在生產力研究和任務管理策略的課程中，穿插了關於「重新定義非生產力的時刻」、「關注生活中重要但不緊急的部分」和「學習如何放鬆」等內容。凱希的最終目標是教導學生按照自己的方式生活，而他的新生活方式確實使他得以實現這個目標：他每天都去衝浪、從不錯過與家人的晚餐、總是親自哄女兒們入睡（現在他有兩名女兒）。他告訴我：「現在卽使我以幾百萬美元出售 RadReads，我的幸福感也不會改變。」

我最近前往南加州一探凱希爲自己打造的新生活。那是一個星期五下午，氣溫華氏七十四度（攝氏二十三度），在湛藍無雲的天空下，街道上的棕櫚樹宛如爲明信片而生。凱希一身典型酷爸裝扮來應門：Air Max 藍色運動鞋、縮口運動褲和灰色V領衫。

在辦公室書架上，一疊擺放整齊的書完美地概括了他的新生活方式：茱莉亞．卡麥隆（Julia Cameron）的《創作，是心靈療癒的旅程》（*The Artist's Way*）、格瑞．羅培茲（Gerry Lopez）的《衝浪之道》（*Surf is Where You Find It*）和大衛．艾波斯坦（David Epstein）的《跨能致勝》（*Range*）。兩塊衝浪板斜靠在牆，構成 Zoom 視訊會議的背景。衝浪板旁邊掛著一面黑橘相間的三角旗，上面寫著「紐約市丹波區」（Dumbo, NYC），向他昔日的生活致敬。

他向我描述自己的日常生活：每天早晨進行冥想，步行一個街區送女孩上學，然後就前往太平洋，他暱稱那裡爲「董事會會議室」，妻子聽了都翻白眼。

他的新生活仍有地位遊戲的痕跡。辦公室擺放的衝浪板是一種自我展現，旨在引起他人讚賞。平日白天能夠去海灘，並且將之昭告天下，這也是一種炫耀，但不同的是，凱希現在玩的是他眞正喜歡的遊戲。

我內心的懷疑論者認爲，凱希創造的生活方式之所以能實現，完全歸因於他在華爾街工作的那些歲月。當然，他犧牲了未來的收入潛能，但他已經「成功過了」，他已經擁有令人稱羨的履歷，他的積蓄大大降低了轉換跑道的風險，可以追求符合自我價值的成功定義。

然而，當我坐在凱希的車庫裡，牆上掛著衝浪衣和老派嘻哈海報，他的妻子在角落繪畫，蘇莉亞用雪糕色粉筆在人行道畫彩虹，我意識到凱希感受到的平靜，並不是因爲他忽略其他人的價值觀，而是在他人價值觀與自己價值觀之間取得平衡的結果。

例如，完全根據個人願望而不考慮市場價值來選擇職業，可能導致人們爲無法帶來實際就業前景的學校背負巨額債務。這種情況可能造成藝術家無法專心創作，因爲一直爲了如何支付房租而焦慮。但相反的是，完全聽從市場需求而違背內心渴望來選擇職業，這種情況又會讓人在本來不想爬上去的職場階梯攀爬一輩子。卽使你對自己的工作充滿熱情，追求職業生涯的升遷之路，也可能玷汙最初吸引你從事特定工作的內在獎勵。

因此關鍵是要制定個人對成功的定義，考量你所重視的價值和市場所重視的價值，以神學家弗雷德里克·布赫納（Frederick Buechner）的話來說，就是「你最深情的喜悅和世界最深切的需要交會之處」。當然，凱希的財務狀況有助於他打造美好生活，但還有另一個因素幫助他找回內心的平靜，缺少這個因素讓許多有錢的華爾街銀行家永遠感到不滿足，那就是凱希培養了欣賞自己已經擁有什麼的能力。他理解了自己對於「夠好」的定義。

參觀他在加州的家，讓我印象最深的不是陽光、衝浪、也不是那些看似讓一個四十多歲男人找到自己幸福的外在條件，而是他說話的語調，他用著像是星期天早上般的說話節奏，彷彿不記得上一次必須趕時間是什麼時候。沒有更多遊戲需要去贏了。

第 9 章

工作更少的世界

關於「個人界限」的迷思

A World with Less Work

On the myth of personal boundaries

「人們往往把社會問題個人化，認爲是他們選擇了錯誤的工作、選擇了錯誤的伴侶、或者沒有存夠錢等等。但很多時候，是我們正工作其中的這個制度，限制了我們的選擇。」——泰拉．傑弗遜（Tara Jefferson）164

感恩節過後第二天，我發現自己又回到一個熟悉的場景：在假日工作。我明白這其中的諷刺性，我在這裡，撰寫一本關於美國過度工作文化的書，而這天本來應該是放假休息的日子。這個早上的工作效率不太好，可想而知，因爲我前一晚喝了酒，還吃了許多炸物。但我依然對自己沒有達到應有的水準而感到自責，而且在休假日工作，根據我自己扭曲的邏輯，可能迫使我將工作時間拉得更長。

事實上，我的自我價值感和工作效率綁在一起，這讓我感到難爲情。儘管寫了一本關於如何在生活中合理安排工作的書，但如果我告訴你，我已找到一個輕鬆的實踐辦法，那就是在撒謊。首先，我利用全職工作的空檔撰寫本書，過去幾個月來，我每週工作五十到六十個小時來完成它。有達到寫作目標的那幾週，我感到自豪；而沒有達到目標的那幾週，我感到羞愧。

不知不覺中，撰寫這本書已經成爲我的身分重心。我還在摸索自稱作者的感覺，但就像哈佛畢業生一樣，我幾乎不需要提醒就會在閒聊時提起這本書，把它當成別在外套上的胸針。

還有一個事實是，儘管我寫過「期望工作永遠是成就感來源」的危險性，但大多數時候我眞的非常喜歡我的職業。我感到非常幸運，找到了一份設計方面的工作，可以挑戰自我、激發創造力，下班後還可以從事我熱愛的報導與寫作。

當我開始這項寫書專案時，動機源自於我的兩個個人問題：爲什麼工作對我的身分如此重要？如何把自我價值和我的產出區隔開來？兩年後，我還是無法簡單的回答，但我不認爲是我的調查失敗了，相反的，這是某種成果。

因爲撰寫本書，我採訪過幾十個人，如果說我從他們身上學到了什麼，那就是要調解我們與工作之間的關係是很複雜的。在每個時刻，我都能與訪問過的每個人產生共鳴：理解狄維亞強烈的野心逼到她筋疲力盡；理解芙巴茲對夢想工作的理想化和後來的理想幻滅；理解梅根的無精打采，以及凱希想要放棄一切重頭開始的渴望。

因此，卽使已經進入本書「那我們能做什麼？」的部分，但對於提供任何快速解決方法，來改善與工作之間令人擔憂的關係，我仍抱持著謹愼態度。雖然你可能渴望找到一種簡單方法，來發展更健康的工作關係，但這裡恐怕沒有解決問題的十個步驟。那是因爲「工作在我們生活中應該扮演什麼角色」這個問題，並沒有普遍適用的答案。我們與工作的關係並非固定不變，我們也不應該這樣期望。正是透過對工作位置的思辯，我們才能看淸自己所重視的事物。

我們大多已經接受了周遭奮鬥文化的價値觀，是過度工作的主要問題之一。我在寫這本書的時候，沒有老闆指定我應該什麼時候工作或不工作。我告訴自己，我不會讓寫作霸佔整個生活，我會每週安排休息的時間，可是儘管如此，我仍然在精疲力竭的邊緣徘徊。自我設定界限的問題在於，界限可以被滲透，我很容易因爲害怕不能按時交稿、或覺得自己不該休息，而阻止自己履行初衷。

用作家詹姆斯．克利爾（James Clear）的話來說：「如果你從未改變支配著你以往行爲的潛在信念，那麼改變你的習慣就很難。」[165]只要我相信我的自我價値取決於我的生產能力，那麼追求更高產出的動力總是會戰勝我減少工作的意圖。

此外，過度工作是一個制度性問題，它是經濟、政治和文化因素的結果，因此個人干預有其限制。大多時候，爲自己創造非工作時間和保護空間的責任落到了工作者身上。常見的「設立界限」或「練習自我照顧」之類防止倦怠的建議，如果缺乏制度性支持的話，很容易失敗。如果你的公司人手不足、或者時值季末、或者你的薪資與工時有關，設定個人界限就好比拿雞尾酒的裝飾小傘來遮陽。

簡單來說，個人界線的問題在於，無法避免被打破。「當培養健康的工作文化變成個人責任時，它總是會失敗，就此打住。」記者安妮．海倫．彼得森指出：「營造更好文化的責任在於職場本身，職場有獨特的條件去建立能夠眞正保護員工的護欄，特別是那些剛踏入職場、急於展現自己的人，以免他們承受過大的工作壓力。」166

但是，制度干預也有其侷限。在組織層面上，即使有慷慨的休假政策和福利待遇，若管理者對員工期望的工作量沒有減少，對改變文化也起不了什麼作用。正如凱希所言，在華爾街工作了十五年，兩週的假期並無法讓他奇蹟似復活。

在政策層面，政府的保護措施也只會在有實際成果時，才會產生實質影響力。例如，法國經常因其「離線權」（Right to Disconnect）法案受到讚揚，自二〇一七年起，要求規模五十名員工以上的公司，在下班後減少以電話和電子郵件聯繫，但卻成效不彰。一項研究發現，百分之九十七的調查受訪者表示自該法案實施以來，沒有見到任何實質變化。一位法國人力資源經理表示：「不要自欺欺人了。即使是公司的放假日，主管們還是一直、一直保持聯繫。」[167]

同樣，在地球的另一端，日本以其陪產假政策領先世界各國：父親可享長達一年的帶薪陪產假。但政策與實際執行之間存在落差，二〇一七年，僅有區區百分之五的父親申請了他們應享有的帶薪假。[168]由此，凸顯了建立健康的工作關係，有兩項先決條件：①結構性保障，以確保員工擁有工作之外的生活②願意這樣做的文化。

改變工作文化不僅需要企業宣布心理健康假（mental health holidays）或員工培養興趣愛好，對我們許多人來說，也需要從根本重新想像工作在我們生活中的角色。機構必須改變運作方式，工作者也必須摒棄具有生產力的自己才有價值的想法，就像我這樣。

話雖如此，我仍然抱有希望。二〇二〇年三月之後那幾個月，在新冠肺炎疫情造成的恐懼與苦難中，證明了改變是有可能的。雖然只是短暫性的，但像保障收入和全民育兒補助之類的政策，曾經被當成改革派的白日夢變成了現實；以前認爲遠距工作不可行的組織適應了更靈活的工作方式，生活繞著職場打轉的人被迫思考在辦公室之外的自己是什麼樣子；而感到薪資不足、沒有保障和不受重視的工作者則以前所未有的速度辭職了。這場疫情不僅引發了「大離職潮」（Great Resignation），也引發了「大反思」（Great Reconsideration）。這讓我們知道，我們的標準工作模式可以改變，讓我對未來抱持謹慎樂觀的態度。

活動家達拿．懷特（Dana White）最近在 Twitter 上提出了一個簡單的問題：「如果資本主義不存在了，而你的所有需求都得到滿足，那你會怎麼過你的人生？」[169] 一萬人的回覆描繪出一幅世界景象，在那裡工作不再是其他生活圍繞的中心。

人們寫到，他們會當業餘天文學家、城市園丁、街頭詩人和社工。也許我最喜歡的回答是：我會繼續做我正在做的事情，只是少了對金錢的擔憂、沮喪和創傷。值得注意的是，人們的願景並沒有排除勞動，但將勞動從生存的必要條件中移除，擴大了他們對可能性的想像。

本著這種可能性的精神，我提出了一些關於我們如何在生活中降低工作重要性的挑戰。第一個挑戰是針對政府的，第二個是針對企業的，最後一個是針對你的。

一、分清生存與就業（DISENTANGLE SURVIVAL AND EMPLOYMENT）

最近我在訪問麻省理工學院研究睡眠與夢境的研究員亞當・哈爾・霍洛威茲（Adam Haar Horowitz）時，他讓我嘗試一個實驗。他說：「想像自己在一間旅館房間裡試著入睡。」我想：「這簡單得很。」他接著說：「好，現在想像自己在一間房門敞開的旅館房間裡試著入睡。」我整個人立刻緊繃起來。可能有哪個精神錯亂的小丑會隨時走進來，我當然不可能睡著。

爲了休息，甚至是爲了做夢，我們首先需要感到安全。如果沒有安全感，哺乳類動物的大腦就會有一部份保持警覺，以掃描威脅。我認爲有種類似的生物力量推動我過度工作。儘管我有份有薪工作，身邊也有後援，但我仍然害怕，無論這有多不合理，但我害怕會失去生計或是我的工作衝勁。我的邏輯是這樣，除非我超越預期成果，除非我持續證明自己的價值，否則我會在某種程度上落後，我已經把資本主義的價值觀當作我自己的價值觀：成長就是進步，停滯就是死亡。

全國各地研究人員正在研究，如何眞正應對那些讓許多美國人無法輕鬆休息的經濟現況和基本需求。警告！我卽將談到全民基本收入（universal basic income），這在工作相關書籍裡已經變得陳腔濫調。就我個人而言，我對保證收入作爲政策的興趣不大，我比較關注將保證收入視爲一種道德立場，這種立場才能將人類基本需求視爲基本人權，而不是必須通過有薪就業來賺取的福利。

在實踐上，重新編織我們破損的社會安全網可以採取多種形式：可能是擺脫我們的尷尬地位，美國是國際上唯一沒有聯邦法定帶薪休假的發達國家；可能是免除仍然壓在數千萬美國人肩上的沉重學貸；[170]可能是擴大子女抵稅額（Child Tax Credit），這已被證明是減輕貧困的有效手段；[171]或者可能是重新想像我們破碎的醫療體制，美國在這方面的人均支出高得驚人，比全球其他任何國家多了百分之四十二。[172]

然而，我使用全民基本收入作爲例子，是因爲這說明了提高每個人經濟基礎所帶來的良性連鎖反應，對工作者和我們的經濟都有正面影響。在一個醫療、教育和育兒花費如此高昂的國家，即使是受過大學教育的專業人士，也無法避免經濟不確定性帶來的折磨。

作爲參考，加州史塔克頓市（Stockton）進行了一項爲期兩年的實驗，給予一百二十五位居民每月五百美元的無條件津貼，[173]沒有工作要求，對於居民如何使用這些錢也沒有限制。近百分之四十的參與者將津貼花在食物上面，其他人則用這筆錢送孩子參加足球訓練營、更換汽車密封墊片。四十八歲的佐娜·艾弗里特（Zohna Everett）每個月捐獻五十美元給她的教會，其餘的錢用於衛星電視 DirecTV、水電費、汽車保險、房租以及與丈夫的約會之夜。

這筆津貼也讓佐娜有了穩定的全職工作。[174]在二〇一八年失去國防部物流專員的工作後，她一直在打零工，在 Door-Dash 做外送、當 Uber 司機，同時修習線上大學課程。然而，在這項實驗期間，她在附近的特斯拉工廠找到了一份全職工作，她回想起額外現金帶來的影響：「你知道嗎，我終於鬆了口氣。」

佐娜投入全職工作的舉動，反駁了一些對全民基本收入和擴大社會服務的常見批評。穩定的經濟增加了她尋找全職工作的動力，而不是減少。實際上，實驗結束後，獲得津貼的史塔克頓市居民找到全職工作的機會增加了百分之十二，報告也指出，津貼受惠者的焦慮和憂鬱程度低於對照組。

然而，史塔克頓市全民基本收入實驗最鼓舞人心的發現或許是，額外的金錢爲居民創造了「自我決定、選擇、目標設定以及承擔冒險的新機會」。[175]簡言之，它讓參與者擁有更多主動性。有些人，像是佐娜，選擇尋找更穩定的工作，其他人選擇投資於家庭或社群。負責執行全民基本收入實驗的非營利組織「經濟安全計畫」（Economic Security Project）主席娜塔莉・福斯特（Natalie Foster）表示：「史塔克頓市實驗並沒有證明人類天生就需要工作。」反而她認爲該實驗是一個例子，說明工作者在工作中獲得更多選擇時會發生什麼情況。

對我而言，史塔克頓市實驗凸顯出與「大離職潮」數據的相同之處：只要有一點安全保障，工作者就會離開不夠好的工作。皮尤研究中心的調查顯示，二〇二一年員工離職最常見的三個原因，分別是低薪（百分之六十三）、沒有升遷機會（百分之六十三）、感覺工作不受尊重（百分之五十七）。[176]但在二〇二一年離職的將近五千萬個美國人中，大多數人並沒有退出勞動力市場，[177]他們找到了更好的工作，薪資更高、彈性工時更多、福利更好。那些完全退出勞動力市場的人，也沒有因爲退休、照顧家人或休息一段時間，而就此失去尊嚴。

美國政治人物經常把全職工作說得像是尊嚴的前提條件，這種價值觀與要求人民就業才能獲得福利的政策一樣。雖然我同意工作可以給人一種獨立感和目標感，但有薪勞動並不是達成這個目的的唯一手段。數百萬個父母和照顧者沒有因爲無償工作而失去尊嚴，數百萬個美國人在疫情期間失去工作，他們也沒有因爲被解雇而不值得被尊重，裁員通常不是因爲他們自己的錯誤。

要分清楚我們的人類需求和就業狀態，就是要聲明我們每個人都有價值，無論是否有一份全職工作。這種方式奠定了一個基礎，讓我們思考什麼是好的工作、什麼是過好的生活。讓我們可以不必在大門敞開的時候休息。

二、秀出來，不要說（SHOW, DON'T TELL）

一九九六年，領先全球的家具製造商Steelcase在紐約市辦公室安裝了一件奇特的藝術品：六乘四英尺的玻璃箱，裝了一千五百隻螞蟻。這個藝術裝置旨在喚起人們對一個新時代的熱情，而在這個年代，工作與生活的界限模糊不清。

Steelcase的一位主管戴夫·拉斯羅普（Dave Lathrop）表示：「工作和以前大不相同，越來越多人的工作和非工作界線交融在一起。像螞蟻爲了工作而活，也爲了生活而工作。」但正如《華爾街日報》當時指出，收割蟻（harvester ants）通常只能活三到四個月。所以更貼切的解釋可能是：「你工作，然後就死了。」[178]

收割蟻在玻璃箱中匆忙奔走，這個場景很貼切地象徵了現今美國的工作狀況。根據美國人力資源管理協會（Society for Human Resource Management）二〇二一年的一項調查，百分之四十一的美國人在工作上感到疲憊不堪，[179]只有百分之三十六的受雇者在工作上感覺投入。[180]另一份由麥肯錫進行的研究發現，五分之二的員工計畫在未來三到六個月內離職。[181]值得注意的是，實際上二〇二一年已有四千七百八十萬位美國人離職，創下有史以來的最高紀錄，[182]而世界各國也出現了類似的趨勢。

顯然，高度疲憊感和缺乏投入感是制度性問題，光靠冥想應用程式和Zoom視訊的快樂時光並不能解決問題。雇主們開始意識到這一點，原因不外乎這已經成了代價非常高的問題。研究人員估計，由於生產力下降、員工投入感低、人員流動和缺勤，員工倦怠每年給雇主帶來的損失高達一千九百億美元。[183]

每年都有許多新書和座談會聚焦於雇主希望打造出健康職場的想法，提議五花八門，從安裝辦公室午睡艙和舒緩燈光，到下班後提供瑜珈和有薪志工日。我想不久之後，雇主將競相成爲「工作與生活最平衡」的企業，就像他們競相成爲最具使命感的企業一樣。但無論採取哪種具體政策，任何組織想擁有健康的工作文化，有兩個前提條件：領導者必須爲他們希望打造的文化樹立榜樣，公司必須實施保護員工休假的制度。

我受到工作通訊平台Front執行長瑪蒂爾德・科林（Mathilde Collin）的

啟發，她引領了一場矽谷領袖們公開討論職場倦怠與心理健康的運動。在走過了創投公司 Y Combinator 的創業加速器項目並建立一家價值數百萬美元的公司之後，科林意識到，過度工作並沒有使她的工作或工作場所變得更好。

情況在二〇一七年五月來到了緊要關頭，當時科林爲了照顧好自己的心理健康，被迫離開公司。Front 的收入和客戶基數在增加，且公司最近剛募集到一千萬美元的資金。但儘管公司業務狀況良好，科林的狀況卻很差。她每天早上醒來，一看到筆電就頭痛欲裂，她起身要離開家裡，但雙腿卻動彈不得。她告訴醫生：「我的焦慮感很深，讓我討厭生活。」[184]在休息幾個星期之後（這是她自四年前起在 Front 工作以來的第一次休息），她決定做出一些個人改變。

科林移除了手機中所有與工作相關的應用程式，渡假時不再攜帶筆電，並開始在星期四下午居家上班，只有筆記本和筆。「身爲領導者，我知道人們會效仿我的行爲。」科林在最近的一篇部落格文章中寫道。[185]「畢竟，如果『老闆』在撒哈拉沙漠渡蜜月期間還能回覆郵件，那麼誰還有藉口不這樣做呢？」

科林的個人實踐催化了公司政策的全面改革，例如，經常全公司週休三日、發放每月獎金給平均每日使用手機不到兩小時的員工。但結果很明顯：除非公司領導者以身作則，展現出他們希望創造的文化，否則這種文化永遠不會傳遞到團隊的其他成員身上。

第四章的梅根在離開新聞部休息時也有類似體悟。在《連線》雜誌工作時，她從不關掉 Slack 平台上面顯示有空的綠點，她想讓記者們感覺隨時聯絡得到她。雖然她向底下員工強調，她顯示有空並不代表他們也必須隨時有空，但後來發現光說無用。她告訴我：「你說破嘴皮叫他們下班也沒用，他們如果看到上司一直在線上，就會覺得也應該這樣。」

我也受到全面遠距的新創軟體公司 Doist 啟發，該公司在三十九個不同國家擁有一百名員工。Doist 沒有試圖把每個人都塞進同一個行事曆，而是完全取消公司的特定假日，取而代之的是，提供員工每年四十天特休，讓他們自行安排。[186]一年四十天特休是項慷慨的政策，尤其對於平均休假只有四分之一的美國人來說，但更令人印象深刻的是其休假條款，與其讓員工爲他們的休假時間談判，Doist 代表員工承擔起保護他們休假的責任。休假是強制性的。

強制性休假是促使文化眞正改變的一種制度性改革。Doist的創辦人兼執行長亞米爾·薩利赫芬迪奇（Amir Salihefendić）告訴我：「工作效率和休假是陰陽兩面。放鬆、休息和充電的能力，與抱負遠大、做事有條理和工作效率高一樣重要。」

三、定義你心目中的「夠好」（DEFINE YOUR VERSION OF "GOOD ENOUGH"）

童妮·摩里森（Toni Morrison）一生中擔任過很多角色：作家、諾貝爾獎得主、教授、爵士樂愛好者，除了寫作之外，她一直保有另一份工作。她編寫教科書，教英語，還編輯小說。她的第一份工作是在她的故鄉俄亥俄州羅雷恩（Lorain）做清潔工。

有一天，摩里森跟她父親抱怨要打掃有錢人房子的事情，父親放下咖啡，對她說：「聽著，妳不是住在那裡，妳住在這裡，和妳的家人在一起。所以去工作吧，拿到錢，然後快回家。」

摩里森後來在《紐約客》（*The New Yorker*）寫到父親的話對她產生的影響。她回憶道：「自從那次與父親的談話後，我再也沒把工作階級當成衡量自己的標準。我也從來沒把工作保障置於家庭價值之上。」[187]

摩里森的工作很重要，但那只是她的生計，並不是她的生活。當我思考著什麼是一份剛好的工作時，想起了摩里森父親的智慧：去工作，拿到錢，快回家。

我在高中幫別人清洗陽台的那年夏天，比我下學期任何一堂課學到的還多；我在廣告業的第一份工作教會了我何時該發表意見、何時該保持沉默；科技業教會了我務實；設計教會了我樂觀；新聞業教會了我關心他人。

透過工作，我找到了意義、目標和一輩子的朋友。但工作給我最重要的、也是我最需要的，就是足夠的金錢過生活。說到底，工作就是一份經濟契約，是勞務與金錢的交換。我們越明白這點越好。

把工作視爲一種交易可能聽起來很粗俗，我們被告知工作應該是一種使命、職業及熱情，而不僅是一份薪水。但公司已經將工作視爲交易，他們聘請能創造價值的員工，解雇不能創造價值的員工。忽視這一點將會造就剝削的環境。

我這樣說並不是在譏誚嘲諷。反而我認爲，以更具交易性的方式看待工作，能夠解放雇主與員工。這樣一來，雇主可以專注於設定明確的期望，讓員工知道什麼是好的工作狀態，員工則可以爭取公平的薪資報酬，而不是認爲談論金錢會損害公司的最佳利益。最重要的是，這種方式使員工能夠將工作視爲生活的一部分，並非生活的全部。

明確來說，我認爲以更具交易性的方式看待工作，並不需要以犧牲人們對工作的關心或出色的表現爲代價，把工作和興趣結合起來或努力完善專業技能，這並沒有錯。更確切來說，我主張共同調整我們對工作的期望。如同我們不該期望配偶滿足我們的每一個社交、情感和智力需求，期望工作成爲我們實現自我價值的唯一途徑也是不切實際的。這是工作不能承受的負擔。

有一次，寇特·馮內果（Kurt Vonnegut）和約瑟夫·海勒（Joseph Heller）在一場由某位擔任避險基金經理的億萬富翁所舉辦的宴會上，馮內果問海勒：「你知道宴會主人光是昨天賺的錢可能就比你的小說《第二十二條軍規》（Catch-22）有史以來賺到的錢還多，你感覺如何？」[188]

「話是這樣說沒錯。」海勒回：「但我有一些他永遠無法擁有的東西。」

「什麼東西？」馮內果問。

「那就是我明白『夠好』的眞諦。」

我喜歡這個故事。夠好，或者本書所指的「夠好」是很主觀的判斷。你可以選擇對你而言什麼是夠好。也許是某家特定公司的工作，或者一份有穩定薪資的工作；也許是有特定職稱的工作，或者是一份上下班時間固定的工作。無論你認爲什麼樣的工作是夠好，當你擁有符合期望的工作時，要認出它來。因爲屆時你就可以聽從摩里森父親的建議：快回家吧。

在採訪了數百人且投入了很多時間與本書主要人物相處之後，我發現那些與工作關係比較健康的人有一個共同點：他們都在工作之外擁有強烈的自我意識。這就是狄維亞被迫與Prameer保持距離時所發現的，也是喬許在離開企業界後所找到的，也是凱希在加州所意識到的。

然而，要從工作中抽離出我們的自我價值感，我們必須先培養一個老闆、職稱或市場都無力改變的自我。用摩里森的話：「你做的工作不會定義你，你就是你自己。」[189]一份夠好的工作就是讓你成爲你想成爲的人。

我在本書開頭提出的簡單問題：「你是做什麼的？」我想在本書結尾提出一個建議，試圖修改這個美國常見的閒聊問句。只需要修改幾個字，「你喜歡做什麼？」這個問題讓你能夠用自己的方式定義自己。

也許你喜歡看小說，也許你喜歡做地中海料理，也許你喜歡畫水彩或寫作。也許你是爲了工作才做這些事，也許不是，也許這樣就足夠好了。

後記

Epilogue

那是凌晨三點，我最好的朋友打來電話。當時我二十四歲，在舊金山的一家廣告公司工作。我的朋友崔維斯（Travis）住在芬蘭，時差早了九小時。

「嘿，抱歉把你吵醒了。」他說。

「怎麼了，老兄？」我邊咕噥邊摸索電燈的開關。

「我也不知道怎麼找的，但我在一個旅遊部落格看到這個瘋狂的機票優惠，從舊金山出發。不確定這個優惠還會持續多久。」

「你在說什麼？」我問。

「Priceline機票網站出現了技術性故障，如果你輸入一個非常具體的行程，從舊金山到紐約，再從紐約到米蘭，八天後從布拉格到胡志明市，整張機票只要兩百二十九美元。我給你連結。」他說。

這個優惠聽起來好得不真實。但果然，我點入連結，出現一篇部落格文章，裡面有逐步操作說明。

「我剛買完機票了！」有人在評論區留言。「因爲航班是從美國出發的，所以這些票價獲得承認的可能性很高。」另一人寫道。一位匿名的天才提議，買到這個錯誤票價的人應該在第一段旅程戴上一頂紅色帽子。

被說服了。當天早上我買了機票，並立刻向公司遞出辭呈。幾個星期後，我揹著一個四十五公升的背包抵達舊金山國際機場，穿過航廈時，我對每個戴紅帽經過的人微笑示意。

接下來的一年，我以二十一個國家爲家。我背著背包遊歷亞洲各地，然後前往非洲，從奈洛比（Nairobi）經由陸路到開普敦。在旅途中，我開始向雜誌和報社投稿。我報導了二〇一五年尼泊爾地震、緬甸旅遊業變化、以及泰國北部鴉片貿易的故事，雖然之前寫過廣告和行銷文案，但直到離開習慣的同溫層，我才建立起從事新聞工作的信心。

然而，那次旅行不僅僅改變了我的職業生涯。成年後，我第一次嚐到了不以工作爲中心的生活方式。有些日子，我就只是漫無目的閒逛在外國城市的街道上，走到太陽下山。在那次旅行中，我第一次冥想、騎摩托車、或者書寫一些不用與人分享的東西。我開始認識到自己不事生產的那一面。

在我買下那張機票之前，可以說，我的人生道路如同前耶魯大學英國文學教授威廉．德雷西維茲（William Deresiewicz）所說的是一個「世界級跳火圈選手」（world-class hoop jumper）。在一次著名的畢業演說中，德雷西維茲表示觀察到他的許多學生，都接受了訓練，以達成爲他們設定的任何目標。[190]他們可以記住任何公式，通過任何考試，並且在他們決定投身的任何階級制度中迅速取得成功。雖然他們野心勃勃且成就非凡，但他們「被困在特權的泡泡裡，順服地朝同樣的方向前進」。[191]正如德雷西維茲的一位學生所言，耶魯的學生是「優秀的綿羊」。

我也是一隻優秀的綿羊。在人生的前二十四年，我的目標感受限於下一個設定給我的火圈。中學時期，我努力學習，以便能夠進入一所精英高中；在高中，我選擇的課外活動，是爲了讓我申請大學時備受青睞；在大學期間，我選擇了有助於找到工作的專業，並申請了廣告業實習，因爲我認爲這個行業會讓我的父母和同儕留下深刻印象。

我的人生道路，是由成長背景的優勢所鋪成，從舊金山私立學校到常春藤大學，再到白領產業，我本來可以按照劇本進行。然而，崔維斯凌晨三點的來電和 Priceline 網站的技術性故障，促使我放棄了那套劇本。我發現，我比想像中更有主動性，能夠決定工作在我生活中扮演的角色。

■

在提交這本書手稿的三週後，我做出了另一個改變劇本的決定：我辭去待了四年的設計公司。在度過了爲這本書而蠟燭兩頭燒的日子後，我知道我需要休息一下。但是當我按下發送鍵，寄出辭職郵件時，我立刻感到一陣疑慮。

「我應該多待半年爭取下一次升遷嗎？父母會怎麼想？沒有任何計畫就辭掉一份穩定的工作，我這樣是不是沒有責任感？」

我發現，這種疑慮在我採訪過的工作者中很常見，他們也曾爲了降低工作在生活中的重要性，而要做出類似選擇，我們都很容易被眼前的績效評估週期、季度銷售目標和 LinkedIn 網站的里程碑所吸引。我訪問過一位學者（她的專長是「設計一個更加人本主義的未來工作」），她生下第一個女兒後只休了兩週產假，因爲她不想離開她的研究太久。全天候工作的壓力影響深遠，而且我們的政府、我們的機構以及我們自己的心態都在強化這種壓力。

看到Google軟體工程師、米其林星級廚師或華爾街高級主管，我們很容易以爲他們已經爲工作與生活找到了完美解答，但我們往往只是拿自己內在的感受和別人外在的表象作比較。如果說我從過去幾年和工作者的交談中學到了什麼，那就是即使是擁有完美履歷的人，也仍在努力調整工作在他們生活中扮演的角色。

挑戰工作的傳統期望需要勇氣。許多社會因素，從美國的醫療體制到工作者履歷空窗期的污名化，都使降低工作的重要性變得極爲困難。並非每個人都能減少工作時間或休個長假環遊世界，但如果你能從這本書中帶走一項重點，我希望是這個：降低工作重要性的另一面，是優先考慮生活。

無論個人或社會，我們往往缺乏的是一種想像能力，讓生活不那麼以工作爲中心。所以，親愛的讀者，我的問題是：你可以做出一個小小的改變，來提升你非工作的自我嗎？也許你可以安排與你最好的朋友每週出去散步；也許你可以去參與社區團體，裡面沒有人知道你從事什麼工作；也許你可以培養一個新的興趣，且不必期望能夠精通。你可以做些什麼來提醒自己，你存在於這個世界上不只是爲了創造經濟價值？

在交出這本書的初稿並辭掉工作後，我和未婚妻買了機票，打算和我的家人在義大利南部共度一個月的時光。遺憾的是，我們這次是支付全額機票的費用。我之前一邊全職工作一邊寫書，而在全球疫情期間，她也一直在校園裡教導四年級學生，我們想在一段緊繃的工作之後，花點時間重新調整自己。

但當我們抵達義大利時，休息對我來說並不容易。我很快發現自己仍然受到舊有習慣的束縛，我一早醒來就檢查郵件，我爲夏天結束後該怎麼賺錢而倍感壓力，我在無所事事的下午一直感覺應該做更多的事情。

不過現在，我們在這裡生活了幾個星期，我的身體已經適應了新的生理時鐘。這要歸功於義大利南部的陽光，它實實在在地讓我不得不放慢腳步，還有那些豐盛的餐點，即使甜瓜都吃完了，我和兄弟姊妹、姑媽阿姨們還在餐桌旁閒聊很久。慢慢地，我重新了解到沒有不停工作的自己是什麼樣子。

值得注意的是，工作並沒有從我的生活消失，大多數時候我仍會抽出時間寫作或編輯，只是工作不再像是解決焦躁不安的藥方。工作給了我生活的意義，但並不是唯一的來源。

今天早上我睡到自然醒，花了一些時間來寫這篇後記，和家人一起吃了午餐，和另一半小睡片刻。今晚，我們會去市區喝點酒。我會再留意看看漁夫的身影。

致謝

ACKNOWLEDGMENTS

首先，我要感謝那九位工作者，以及我採訪過的其他人，你們信任我，將自己的故事託付給我。狄維亞、萊恩、芙巴茲、梅根、泰勒、克拉麗莎、喬許、布蘭登和凱希，沒有你們，這本書就不會存在。

我一直不明白爲什麼作者們把他們的書稱爲「專案」，直到我自己嘗試完成一本書。雖然只有一個作者名字，但寫書是一項團隊運動，我很幸運能擁有一支世界級的團隊。我的導師沃希尼·瓦拉（Vauhini Vara）是第一位鼓勵我寫書的人，感謝妳鼓動了我的野心，沒有人比我更尊敬你的寫作觀點。感謝我的編輯瑪莉·孫（Merry Sun），妳是我的智囊、牧羊人和朋友，我非常信任妳，也爲我們共同打造的作品感到驕傲。還有感謝我的經紀人丹尼爾·格林伯格（Daniel Greenberg），願意回覆一位初次出書作者的冷門郵件，並回答我關於出版業如何運作的各種無知問題。

我一直覺得自己不是個眞正的作家，並爲此找各種藉口，所以我很感謝所有幫助我相信自己的人。感謝 Youth Speaks 和 Excelano Project 幫助我找到自己的聲音。感謝蘿倫·凱栗（Lorene Cary）把我寫給妳看的第一篇文章前三頁刪掉，並告訴我「別再清喉嚨了」。感謝珍妮·撒加利亞（Janine Zacharia）

告訴我還有待加強，然後幫助我進步。

感謝珍妮佛．麥爾茲（Jennifer Maerz）給我第一個新聞寫作任務，感謝希瑟．藍迪（Heather Landy）、麥特．奎因（Matt Quinn）和凱文．迪蘭尼（Kevin Delaney）給我第一份新聞工作。感謝麥克．伊薩克（Mike Isaac）寫第一本書的時候，讓我可以從旁學習，還有比爾（Bill）、安德烈（Andrea）、夏娜（Shana）和燈塔作家工作坊（Lighthouse Writers Workshop）的所有人，讓我相信，我也能寫出自己的書。

感謝許多思想家、作家和學者，他們的觀點貫穿了這本書的每一頁。特別感謝德瑞克．湯普森、莎拉．賈芙、艾倫．狄波頓（Alain de Button）、艾琳．賽奇、伊菲瑪．歐薩瑪、傑米．麥卡倫、尼基．薩瓦爾、阮氏和艾格尼斯．卡拉德形塑了我對工作的看法。特別感謝安妮．海倫．彼得森給我的精闢建議和專業指導。妳的著作是這本書和我在思考一個更加公正世界時的基礎。

感謝所有幫助這本書完成的各位。感謝我在IDEO設計顧問公司的同事，尤其是狄爾德莉．塞爾明納洛（Deirdre Cerminaro），讓我有空間在全職工作之餘進行這項專案。感謝我優秀的事實核查員艾蜜莉・克里格（Emily Krieger）對我的支持，還有我的註釋編輯麥克・柏格（Michael Burke），感謝你的謹慎細心。並感謝 Portfolio 出版團隊，和你們合作非常愉快，包括薇洛妮卡・維拉斯科（Veronica Velasco）、珍・豪雅（Jen Heuer）、艾德里安・柴克海姆（Adrian Zackheim）以及凱絲汀・伯恩特（Kirstin Berndt）。

若不是有一群慷慨的朋友，這本書是不可能完成的。在疫情初期的第一個月，我的朋友斯米利・波斯沃斯基（Smiley Poswolsky）介紹我認識了也有志成爲作家的瑞納・寇恩（Rhaina Cohen）。從二〇二〇年四月起，我和瑞納每週三都會進行「目標追蹤對話」，直到我們各自交出最終的手稿。你們的友誼是多麼珍貴的禮物。

感謝馬蒂、艾莉兒、保羅、肯德爾、肖莎娜、貝卡、梅麗莎、傑夫、約翰、薩布麗娜和蘿倫等人閱讀那些糟糕的章節草稿。感謝艾哈邁德、瑞秋、伊恩、琴、愛德加、萊克西、喬納和蘿絲提供我在撰寫手稿時的住所。感謝喬治、法比安、瑞秋和貝琪幫助我思考封面的設計。特別感謝 AJ 馬普斯，他在最後關頭改良設計和章節插圖。

感謝我的好友們：喬、崔維斯、山姆、安娜、約翰、彼得、皮特、瑞爾、凱蒂、羅斯、伊莎貝爾，還有無數的其他人……給我帶來的墨西哥捲餅和歡樂大笑，能稱你們爲朋友是我生命中最大的喜悅。感謝我的兄弟姐妹山姆、瑪麗、凱蒂、妮娜、山姆和安娜，感謝你們與我一同走過這個世界，並在我半年爆發一次存在危機時給予我支持和建議。感謝我的祖母們，米米·費爾德曼（Mimi Feldman）和瑪麗亞·孔特（Maria Conte），總是讓我感受到愛。

我很幸運擁有四位父母，每個人都給予我一個重要的視角去看這個世界。感謝特蕾莎·潘塔萊奧（Teresa Pantaleo）對閱讀的熱愛，蓋瑞·斯托爾佛（Gary Stolzoff）對聆聽的熱愛，蘇茲·亞歷山大（Suzi Alexander）對語言的熱愛，還有蘭德爾·克萊恩（Randall Kline）對藝術的熱愛。謝謝你們讓我看到生活的意義，一直是我最大的啦啦隊。

最後，感謝我親愛的凱蒂。謝謝妳讓我保有寫作的空間，閱讀每一份草稿，並陪伴我度過這段起起伏伏的旅程。感謝妳成爲我的執行編輯、我的靈感和我的伴侶，能夠與妳共同領略人生，我感到非常幸運，Te quiero mucho（西語：我愛妳）。

附註

NOTES

Global Implications," International Journal of the Humanities, no. 9 (2011): 1–11.

7 Derek Thompson, "Workism Is Making Americans Miserable," The Atlantic, February 24, 2019, https://www.theatlantic.com/ideas/archive/2019/02/religion-workism-making-americans-miserable/583441

8 The School of Life Library, A Job to Love: A Practical Guide to Finding Fulfilling Work by Better Understanding Yourself (London: The School of Life, 2018), 9.

9 Thompson, "Workism."

10 Laura Silver, Patrick van Kessel, Chris- tine Huang, Laura Clancy, and Sneha Gubbala, "What Makes Life Meaningful? Views from 17 Advanced Economies," Pew Research Center's Global Attitudes Project, November 18, 2021, https://www.pewresearch.org/global/2021/11/18/what-makes-life-meaningful-views-from-17-advanced-economies

11 John Maynard Keynes, "Economic Possibilities for Our Grandchildren," in Essays in Persuasion (New York: W. W. Nor- ton & Co., 1963), 358–73, http://www.econ.yale.edu/smith/econ116a/keynes1.pdf.

12 David Zahl, Seculosity: How Career, Parenting, Technology, Food, Politics, and Romance Became Our New Religion and What to Do About It (Minneapolis: Fortress Press, 2019), 87.

13 Charlie Giattino, Esteban Ortiz-Ospina, and Max Roser, "Working Hours," OurWorldinData.org, 2020, https://ourworldindata.org/working-hours.

題詞

1 Lao Tsu Laozi, Jane English, and Gia-fu Feng, Tao Te Ching, trans. Gia-fu Feng and Jane English (New York: Vintage Books, 1972), 32

前言

2 Heinrich Böll and Leila Vennewitz, "Anec- dote Concerning the Lowering of Productivity," The Stories of Hein- rich Boll (Evanston, IL: Northwestern University Press, 1995), 628–30.

3 Patrick Van Kessel and Laura Silver, "Where Americans Find Meaning in Life Has Changed over the Past Four Years," Pew Research Center, November 18, 2021, https://www.pewresearch.org/fact-tank/2021/11/18/where-americans-find-meaning-in-life-has-changed-over-the-past-four-years

4 Travis Mitchell, "Where Americans Find Meaning in Life," Pew Research Center's Religion & Public Life Project, November 20, 2018, https://www.pewresearch.org/religion/2018/11/20/where-americans-find-meaning-in-life

5 Juliana Menasce Horowitz and Nikki Graf, "Most U.S. Teens See Anxiety and Depression as a Major Problem Among Their Peers," Pew Research Center's Social & Demographic Trends Project, February 20, 2019, https://www.pewresearch.org/social-trends/2019/02/20/most-u-s-teens-see-anxiety-and-depression-as-a-major-problem-among-their-peers

6 Robert Hauhart, "Exporting the American Dream:

22 Annie Dillard, The Writing Life (New York: HarperCollins, 2009), 33.

23 Esther Perel, "How Many of You Often Find Yourselves Bringing the Best of You to Work, and the Leftovers Home?," Out in the Open, CBC Radio, 2018, https://www.cbc.ca/player/play/1443267139554

24 Studs Terkel, Working: People Talk About What They Do All Day and How They Feel About What They Do (New York: New Press, 2011), 1.

第 1 章：價值所在

25 Brené Brown, The Gifts of Imperfection (Center City, MN: Hazelden, 2010), 110.

26 P. W. Linville, "Self-Complexity as a Cognitive Buffer Against Stress-Related Illness and Depression," Journal of Personality and Social Psychology 52(4) (April 1987): 663–76, https://pubmed.ncbi.nlm.nih.gov/3572732.

27 "Junior Seau's Death Ruled a Suicide," ESPN.com, May 3, 2012, https://www.espn.com/nfl/story/_/id/7888037/san-diego-county-medical-examiner-office-rules-junior-seau-death-suicide.

28 Kevin J. Eschleman, Jamie Madsen, Gene Alarcon, and Alex Barelka, "Benefiting from Creative Activity: The Positive Relationships between Creative Activity, Recovery Experiences, and Performance-Related Outcomes," Journal of Occupational and Organizational Psychology 87(3) (September 2014):

14 "Hours Worked," OECD Data, 2021, https://data.oecd.org/emp/hours-worked.htm.

15 Jill Lepore, "What's Wrong with the Way We Work," The New Yorker, January 18, 2021, https://www.newyorker.com/magazine/2021/01/18/whats-wrong-with-the-way-we-work.

16 Sarah Jaffe, Work Won't Love You Back: How Devotion to Our Jobs Keeps Us Exploited, Exhausted, and Alone (London: Hurst, 2021), 12.

17 Jamie K. McCallum, Worked Over: How Round-the-Clock Work Is Killing the American Dream (New York: Basic Books, 2020), 131.

18 Robert J. Vallerand, Frederick . Philippe, Julie Charest, and Yvan Paquet, "On the Role of Passion for Work in Burnout: A Process Model," Journal of Personality 78(1) (February 2010): 289–312.

19 Lyman Stone, Laurie DeRose, and W. Bradford Wilcox, "How to Fix the Baby Bust," Foreign Policy, July 25, 2019, https://foreignpolicy.com/2019/07/25/how-to-fix-the-baby-bust.

20 Jean M. Twenge, "Time Period and Birth Cohort Differences in Depressive Symptoms in the U.S., 1982–2013," Social Indicators Research 121(2) (April 2014).

21 Christine Ro, "How Overwork Is Lit- erally Killing Us," BBC Worklife, May 19, 2021, https://www.bbc.com/worklife/article/20210518-how-overwork-is-literally-killing-us.

38 Joel Osteen, Your Best Life Now: 7 Steps to Living at Your Full Potential (New York, Boston, and Nashville: Faith Words [Kindle ed.], 2014), 21.

39 Analysis of General Social Survey data by Ryan P. Burge, Eastern Illinois University, 2021.

40 https://www.reddit.com/r/atheism.

41 https://www.reddit.com/r/Christianity

42 Clyde Haberman, "Religion and Right-Wing Politics: How Evangelicals Reshaped Elections," New York Times, October 28, 2018, https://www.nytimes.com/2018/10/28/us/religion-politics-evangelicals.html.

43 Randall E. King, "When Worlds Collide: Politics, Religion, and Media at the 1970 East Tennessee Billy Graham Crusade," Journal of Church and State, March 22, 1997.

44 Ryan Burge, Twitter, July 14, 2022, https://twitter.com/ryanburge/status/1547611343598981122?s=20&t=fyy7Dl_bcPRDx2HtXVLOaQ.

45 Robert D. Putnam, Bowling Alone: The Collapse and Revival of American Community (New York: Simon & Schuster, 2000), 66.

46 Will Tanner, Fjolla Krasniqi, and James Blagden, Age of Alienation: The Collapse of Community and Belonging Among Young People, and How We Should Respond (United Kingdom: On- ward, 2021), https://www.ukonward.com/wp-content/uploads/2021/09/Age-of-Alienation-Onward.pdf.

579–98, https://bpspsychub.onlinelibrary.wiley.com/doi/abs/10.1111/joop.12064.

第 2 章：崇拜工作

29 David Foster Wallace, "This Is Water," speech to Kenyon College graduating class, 2005, https://www.youtube.com/watch?v=PhhC_N6Bm_s.

30 Ryan P. Burge, The Nones: Where They Came From, Who They Are, and Where They Are Going (Minneapolis: Fortress Press, 2021), 82.

31 Burge, The Nones, 2.

32 Burge, The Nones, 134.

33 Hannah Arendt, The Human Condition, 2nd ed. (Chicago: University of Chicago Press, 1998), 82.

34 The School of Life, https://www.theschooloflife.com/article-themes/meaning.

35 Max Weber, The Protestant Ethic and the "Spirit" of Capitalism, and Other Writings ([1905]; New York: Penguin Books, 2002)

36 J. Matthew Wilson, ed., From Pews to Polling Places: Faith and Politics in the American Religious Mosaic (Washing- ton, DC: Georgetown University Press, 2007), 141.

37 Joel Osteen, "Have a Spirit of Excellence," Joel Osteen Podcast, November 17, 2020, https://www.happyscribe.com/public/joel-osteen-podcast/have-a-spirit-of-excellence-joel-osteen.

Changers (California and New York: Ten Speed Press, 2019), 267.

54
Cal Newport, So Good They Can't Ignore You: Why Skills Trump Passion in the Quest for Work You Love (New York and Boston: Business Plus, 2012).

55 Google Books Ngram Viewer, "dream job," https://books.google.com/ngrams/graph?content=dream+job&year_start=1920&year_end=2019&corpus=26&smoothing=3.

56 Derek Thompson, "Workism Is Making Americans Miserable," The Atlantic, February 24, 2019, https://www.theatlantic.com/ideas/archive/2019/02/religion-workism-making-americans-miserable/583441

57 Steve Jobs, commencement address, Stanford University, June 12, 2005, https://news.stanford.edu/2005/06/14/jobs-061505.

58 Adam J. Kurtz, Work/Life Balance Print, https://adamjk.com/products/do-what-you-love-print.

59 The Library Quarterly: Information, Community, Policy 1(1) (Chicago: University of Chicago Press, Janu- ary 2001): 1–27.

60 U.S. Bureau of Labor Statistics, Occupational Outlook Handbook, 2021, https://www.bls.gov/ooh/education-training-and-library/librarians.htm.

61 AFL-CIO Department for Professional Employees, "Library Professionals: Facts & Figures,

47 Derek Thompson, "Workism Is Making Americans Miserable," The Atlantic, February 24, 2019, https://www.theatlantic.com/ideas/archive/2019/02/religion-workism-making-americans-miserable/583441/.

48 Wallace, "This Is Water."

49 Amy Wrzesniewski, Nicholas LoBuglio, Jane Dutton, and Justin Berg, "Job Crafting and Cultivating Positive Meaning and Identity in Work," in Advances in Positive Organizational Psychology, ed. A. B. Bakker (Bingley, UK: Emerald Group Publishing Limited, 2013), 281–302.

50 R. M. Ryan and E. L. Deci, "Self-Determination Theory and the Facilitation of Intrinsic Motivation, Social Development, and Well-Being," American Psychologist 55 (2000): 68–78.

第 3 章：熱愛工作

51 Casey Hamilton, "Work Is for Jerks," TikTok, https://www.tiktok.com/@mrhamilton/video/6847892192422382853.

52 Paul Vitello, "Richard Bolles Dies at 90; Wrote 'What Color Is Your Parachute?,'" New York Times, April 1, 2017, https://www.nytimes.com/2017/04/01/business/richard-bolles-dead-what-color-is-your-parachute.html.

53
Richard N. Bolles, What Color Is Your Parachute? 2020: A Practical Manual for Job-Hunters and Career-

67 Shawn Achor, Andrew Reece, Gabri- ella Rosen Fischerman, and Alexi Robichaux, "9 Out of 10 People Are Willing to Earn Less Money to Do More-Meaningful Work," Harvard Business Review, November 6, 2018, https://hbr.org/2018/11/9-out-of-10-people-are-willing-to-earn-less-money-to-do-more-meaningful-work.

68 Sarah Jaffe, Work Won't Love You Back: How Devotion to Our Jobs Keeps Us Exploited, Exhausted, and Alone (London: Hurst, 2021), 2.

69 Fobazi Ettarh, "Vocational Awe and Librarianship: The Lies We Tell Ourselves," In the Library with the Lead Pipe, January 10, 2018, https://www.inthelibrarywiththeleadpipe.org/2018/vocational-awe.

70 "Zookeeper Salary in the United States," Indeed, https://www.indeed.com/career/zookeeper/salaries.

71 J. S. Bunderson and J. A. Thompson, "The Call of the Wild: Zookeepers, Callings, and the Double-Edged Sword of Deeply Meaningful Work," Administrative Science Quarterly 54(1) (2009): 32–57.

72 Anne Helen Petersen, Can't Even: How Millennials Became the Burnout Generation (Boston and New York: Mariner Books, 2021), 68.

73 Jill Lepore, "What's Wrong with the Way We Work," New Yorker, January 18, 2021, https://www.newyorker.com/magazine/2021/01/18/whats-wrong-with-the-way-we-work.

2021 Fact Sheet," https://www.dpeaflcio.org/factsheets/library-professionals-facts-and-figures.

62 Google Books Ngram Viewer, "meaningful work," https://books.google.com/ngrams/graph?content=meaningful+work&year_start=1800&year_end=2019&corpus=26&smoothing=3&direct_url=t1%3B%2Cmeaningful%20work%3B%2Cc0#; expansion of graph from Jamie K. McCallum, Worked Over: How Round-the-Clock Work Is Killing the American Dream (New York: Basic Books, 2020).

63 "Wage Chronology: Ford Motor Company, June 1941 to September 1973," Bulletin of the United States Bureau of Labor Statistics, No. 1787 (1973), https://fraser.stlouisfed.org/title/wage-chronology-ford-motor-company-june-1941-september-1973-4882/wage-chronology-ford-motor-company-june-1941-september-1973-499659/fulltext.

64 Drew DeSilver, "For Most U.S. Workers, Real Wages Have Barely Budged in Decades," Pew Research Center, August 7, 2018, https://www.pewresearch.org/fact-tank/2018/08/07/for-most-us-workers-real-wages-have-barely-budged-for-decades.

65 "America's Changing Work Ethic," CQ Researcher, December 14, 1979, https://library.cqpress.com/cqresearcher/document.php?id=cqresrre1979121400.

66 Robin Kaiser-Schatzlein, "Why Your Boss Wants You to Love Your Job," The Nation, September 9, 2020, https://www.thenation.com/article/culture/jamie-mccallum-worked-over-review.

com/interactive/2021/03/10/arts/artists-coronavirus-lockdown.html.

81 Matthew Yi, "Young Berkeley Journalists Broke Landlord Story Early," SFGate, January 21, 2000, https://www.sfgate.com/news/article/Young-Berkeley-journalists-broke-landlord-story-3270219.php.

82 Longform podcast #302: Megan Greenwell, 1:06, https://longform.org/player/longform-podcast-302-megan-greenwell.

83 Longform podcast #302: Megan Greenwell.

84 Laura Wagner, "This Is How Things Work Now at G/O Media," Deadspin, August 2, 2019, https://deadspin.com/this-is-how-things-work-now-at-g-o-media-1836908201.

85 Megan Greenwell, "The Adults in the Room," Deadspin, August 23, 2019, https://deadspin.com/the-adults-in-the-room-1837487584.

86 Erik H. Erikson, Childhood and Society (New York: W. W. Norton and Company, 1993 [1950]), 42.

87 Arthur C. Brooks, "Why So Many People Are Unhappy in Retirement," Atlantic, May 7, 2020, https://www.theatlantic.com/family/archive/2020/05/what-the-heros-journey-teaches-about-happy-retirement/611194.

88 Karl Marx, "Estranged Labour," in Economic and Philosophical Manuscripts of 1844, https://www.marxists.org/archive/marx/works/1844/manuscripts/labour.htm.

74 Rachel Abrams, "On Wall Street, a Generation Gap on Work-Life Issues," New York Times, January 15, 2014, https://archive.nytimes.com/dealbook.nytimes.com/2014/01/15/wall-street-work-habits-show-generation-gap.

75 "Median Earnings for Women in 2021 Were 83.1 Percent of the Median for Men,"TED: The Economics Daily, U.S. Bureau of Labor Statistics, January 24, 2022, https://www.bls.gov/opub/ted/2022/median-earnings-for-women-in-2021-were-83-1-percent-of-the-median-for-men.htm.

76 Brandie Temple and Jasmine Tucker, "Workplace Justice: Equal Pay for Black Women," National Women's Law Center Fact Sheet, July 2017, https://nwlc.org/wp-content/uploads/2017/07/Equal-Pay-for-Black-Women.pdf.

77 Petersen, Can't Even, 69.

78 Amy Dieg, Twitter, March 18, 2020, https://twitter.com/amydieg/status/1240410269970563072.

79 Ashley Balcerzak, "NJ Corona- virus: Murphy Closes Nonessential Retail Businesses, Tells Residents to Stay Home," NorthJersey.com, March 21, 2020, https://www.northjersey.com/story/news/coronavirus/2020/03/ 21/coronavirus-nj-shutdown-murphy-closes-nonessential-businesses/2884153001.

第 4 章：迷失自我

80 "7 Questions 75 Artists 1 Very Bad Year," New York Times, March 10, 2021, https://www.nytimes.

96 Yancey Strickler, Perry Chen, and Charles Adler, "Kickstarter Is Now a Benefit Corporation," The Kickstarter Blog, September 21, 2015, https://www.kickstarter.com/blog/kickstarter-is-now-a-benefit-corporation

97 Ustwo cultural manifesto, https://assets.ctfassets.net/gw5wr8vzz44g/55QKJCqQTuqgWc4ocuIYmC/077ef0db4e38ca19651ae26264f041ea/ustwo-manifesto.pdf.

98 Jody Kohner, "The Real Meaning Behind 'Salesforce Community,'" The 360 Blog, February 6, 2017, https://www.salesforce.com/blog/what-is-salesforce-ohana.

99 Tom Rath and Jim Harter, "Your Friends and Your Social Well-Being," Gallup Business Journal, August 19, 2010, https://news.gallup.com/businessjournal/127043/friends-social-wellbeing.aspx.

100 Emma Seppälä and Marissa King, "Having Work Friends Can Be Tricky but It's Worth It," Harvard Business Review, August 8, 2017, https://hbr.org/2017/08/having-work-friends-can-be-tricky-but-its-worth-it.

101 Gabriella Rosen Kellerman and Andrew Reece, "The Value of Belonging at Work: Investing in Workplace Inclusion," BetterUp, https://grow.betterup.com/resources/the-value-of-belonging-at-work-the-business-case-for-investing-in-workplace-inclusion-event.

102 Julianna Pillemer, and Nancy P. Rothbard, "Friends without Benefits: Understanding the Dark Sides of Workplace Friendship," The Academy of

89 Vivek Mur- thy, "Work and the Loneliness Epidemic," Harvard Business Review, September 26, 2017, https://hbr.org/2017/09/work-and-the-loneliness-epidemic.

90 Irina V. Popova-Nowak, "Work Identity and Work Engagement," working paper, George Washington University, 2010, https://www.ufhrd.co.uk/wordpress/wp-content/uploads/2010/08/9_5.pdf.

91 "Optimizing Space Itself with WeWork's Adam Neumann, Disrupt NY 2017," YouTube, https://www.youtube.com/watch?v=-EKOV71m-PY.

92 Abraham Joshua Heschel, The Sabbath (New York: FSG Classics, 2005), xiii.

93 Alcoholics Anonymous: The Story of How Many Thousands of Men and Women Have Recovered from Alcoholism, 3rd rev. ed. (New York: Alcoholics Anonymous World Services, Inc., 1976).

第 5 章：工作關係

94 "Weekly Labor Quote——Thomas Donahue," NC State AFL-CIO, April 17, 2008, https://aflcionc.org/quote-donahue-thomas.

95 Stuart Dredge, "Kickstarter on Public Good over Private Riches: 'Don't Sell Out Your Values,'" Guardian, November 3, 2015, https://www.theguardian.com/technology/2015/nov/03/kickstarter-chooses-public-good-over-private-riches.

eclive.engelberg.center/episodes/chapter-3-solidarity.

111 Bryce Covert, "How Kickstarter Employees Formed a Union," Wired, May 27, 2020, https://www.wired.com/story/how-kickstarter-employees-formed-union.

112 Bryan Menegus, "Leaked Memo Shows Kickstarter Senior Staffers Are Pushing Back Against Colleagues' Union Efforts," Gizmodo, March 21, 2019, https://gizmodo.com/leaked-memo-shows-kickstarter-senior-staffers-are-pushi-1833470597.

113 Bijan Stephen, "Kickstarter Will Not Voluntarily Recognize Its Employee Union," The Verge, May 15, 2019, https://www.theverge.com/2019/5/15/18627052/kickstarter-union-nlrb-election.

114 Clarissa Redwine, Twitter, September 12, 2019, https://twitter.com/clarissaredwine/status/1172167251623124997

115 OPEIU Webmaster, "Kickstarter United Wins His- toric First Contract," Office & Professional Employees International Union (OPEIU), June 17, 2022, https://www.opeiu.org/Home/NewsandMedia/TabId/2838/ArtMID/4815/ArticleID/2670/Kickstarter-United-Wins-Historic-First-Contract.aspx.

第 6 章：該下班了

116 Charles Yu, How to Live Safely in a Science Fictional Universe (New York: Pantheon, 2010), 18.

Management Review 43(4) (February 2018).

103 Saera R. Khan and Lauren C. Howe, "Concern for the Transgressor's Consequences: An Explanation for Why Wrongdoing Remains Unreported," Journal of Business Ethics 173 (2021): 325–44.

104 Davey Alba, "In the Beginning Was the Founder," BuzzFeed News, April 17, 2018, https://www.buzzfeednews.com/article/daveyalba/kickstarter-perry-chen-founder-worship-turmoil.

105 Always Punch Nazis, Kickstarter, https://www.kickstarter.com/projects/pilotstudios/always-punch-nazis.

106 Charlie Nash, "Kickstarter Ignores Terms of Service with 'Always Punch Nazis' Project," Breitbart, August 10, 2018, https://www.breitbart.com/tech/2018/08/10/kick starter-ignores-terms-of-service-with-always-punch-nazis-project.

107 "Kickstarter Union Oral History, Chapter 2: Catalyst," Engelberg Center, NYU Law, https://eclive.engelberg.center/episodes/chapter-2-catalyst.

108 "Kickstarter Union Oral History, Chapter 2: Catalyst."

109 "Union Members Summary," U.S. Bureau of Labor Statistics Economic News Release, January 20, 2022, https://www.bls.gov/news.release/union2.nr0.htm.

110 "Kickstarter Union Oral History, Chapter 3: Solidarity," Engelberg Center, NYU Law, https://

Stewart Halsted's Addiction and Its Influence on the Development of Residency Training in North America,"Canadian Journal of Surgery 63(1) (February 2020): E13–18, https://www.ncbi.nlm.nih.gov/pmc/articles/PMC7828946.

126 Jill Lepore,"Not So Fast: Scientific Management Started as a Way to Work. How Did It Become a Way of Life?," New Yorker, October 12, 2009, https://www.newyorker.com/magazine/2009/10/12/not-so-fast.

127 Bruno Dubuc, "The Organiza- tion of Manual Labour," The Brain from Top to Bottom, n.d., https://thebrain.mcgill.ca/flash/i/i_06/i_06_s/i_06_s_mou/i_06_s_mou.html.

128 Jodi Kantor and Arya Sundaram, "The Rise of the Worker Productivity Score," New York Times, August 14, 2022, https://www.nytimes.com/interactive/2022/08/14/business/worker-productivity-tracking.html.

129 Kantor and Sundaram, "The Rise of the Worker Productivity Score."

130 Rebecca J. Compton, Dylan Gearinger, and Hannah Wild, "The Wandering Mind Oscillates: EEG Alpha Power Is Enhanced during Moments of Mind-Wandering," Cognitive, Affective, & Behavioral Neuroscience 19 (2019): 1184–91, https://link.springer.com/article/10.3758/s13415-019-00745-9.

131 Ruth Ann Atchley, David L. Strayer, and Paul Atchley, "Creativity in the Wild: Improving Creative Reasoning Through Immersion in Natural

117 Alan W. Ewert and Jim Sibthorp, Outdoor Adventure Education: Foundations, Theory, and Research (Champaign, IL: Human Kinetics, 2014), 21.

118 Richard Kraus, Recreation & Leisure in Modern Society (United States: Jones and Bartlett, 1998), 38.

119 Gene Bammel and Lei Lane BurrusBammel, Leisure and Human Behavior (Dubuque, IA: William C. Brown, 1992).

120 "Hours Worked," OECD Data (2021), https://data.oecd.org/emp/hours-worked.htm.

121 Charlie Giattino, Esteban Ortiz- Ospina, and Max Roser, "Working Hours," revised 2020, Our World in Data, https://ourworldindata.org/working-hours.

122 Derek Thompson, "The Free-Time Paradox in America," The Atlantic, September 13, 2016, https://www.theatlantic.com/business/archive/2016/09/the-free-time-paradox-in-america/499826.

123 Ellen Scott, "People Are Not Pleased with Fiverr's Deeply Depressing Advert," Metro 50, March 10, 2017, https://metro.co.uk/2017/03/10/people-are-not-pleased-with-fiverrs-deeply-depressing-advert-6500359.

124 "Gig Economy 2021," PwC Legal, 2021, https://www.pwclegal.be/en/FY21/gig-economy-report-v3-2021.pdf.

125 James R. Wright, Jr., and Norman S. Schachar, "Necessity Is the Mother of Invention: William

90.

140 Cal Newport, A World without Email: Reimagining Work in an Age of Communication Overload (New York: Portfolio, 2021), 12.

141 "Integrators and Segmentors: Managing Remote Workers," Knowledge at Wharton, August 31, 2020, https://knowledge.wharton.upenn.edu/article/integrators-segmentors-managing-remote-workers.

142 Adam Grant, "When Work Takes Over Your Life," WorkLife with Adam Grant, TED podcast, https://www.ted.com/talks/worklife_with_adam_grant_when_work_takes_over_your_life.

143 "The Art of Not Buying Things," Thoughts from Inside the Box, July 9, 2016, https://frominsidethebox.com/post/the-art-of-not-buying-things/5718532058775552.

144 "Striking a Balance," Thoughts from Inside the Box, October 3, 2015, https://frominsidethebox.com/view?key=5768755258851328.

145 Evan DeFilippis, Stephen Michael Impink, Madison Singell, Jeffrey T. Polzer, and Raffaella Sadun, "Collaborating during Coronavirus: The Impact of COVID-19 on the Nature of Work," National Bureau of Economic Research, Working Paper 27612, July 2020, https://www.nber.org/system/files/working_papers/w27612/w27612.pdf.

146 Claire Cain Miller, "Do Chance Meetings at the Office Boost Innovation? There's No Evidence of It," New York Times, June 23, 2021, https://www.nytimes.

Settings," PLoS One 7(12) (2012): e51474, https://journals.plos.org/plosone/article?id=10.1371/journal.pone.0051474.

132 Elsie Chen, "These Chinese Millennials Are 'Chilling,' and Beijing Isn't Happy," New York Times, July 3, 2021, https://www.nytimes.com/2021/07/03/world/asia/china-slackers-tangping.html.

133 John Pencavel, "The Productivity of Working Hours," The Economic Journal 125, no. 589 (2015): 2052–76, http://www.jstor.org/stable/24738007.

134 Gudmundur D. Haraldsson and Jack Kellam, "Going Public: Iceland's Journey to a Shorter Working Week," Autonomy, July 4, 2021, https://autonomy.work/portfolio/icelandsww.

135 Haraldsson and Kellam, "Going Public."

第 7 章：努力工作，早點回家

136 Rob Harris, Lon- don's Global Office Economy: From Clerical Factory to Digital Hub (United Kingdom: CRC Press, 2021), 278.

137 Neil Postman, Amusing Ourselves to Death: Public Discourse in the Age of Show Business (New York: Penguin Books, 2005), xix.

138 Nikil Saval, Cubed: The Secret His- tory of the Workplace (New York: Anchor Books, 2014), 68.

139 Karen Ho, Liquidated: An Ethnography of Wall Street (Durham, NC: Duke University Press, 2009),

com/2015/04/12/opinion/sunday/david-brooks-the-moral-bucket-list.html.

153 Paola Zaninotto, et al., "Socioeconomic Inequalities in Disability-free Life Expectancy in Older People from England and the United States: A Cross-national Population-Based Study," The Journals of Gerontology, Series A 75(5) (May 2020): 906– 13, https://academic.oup.com/biomedgerontology/article/75/5/906/5698372.

154 Loretta Graziano Breuning, Status Games: Why We Play and How to Stop (Lanham, MD: Row- man & Littlefield, 2021), ix.

155 C. Thi Nguyen, "Gamification and Value Capture," chap. 9 of Games: Agency as Art (New York: Oxford Academic, 2020), online ed., https://doi.org/10.1093/oso/9780190052089.003.0009.

156 Wendy Nelson Espeland and Michael Sauder, Engines of Anxiety: Academic Rankings, Reputation, and Accountability (New York: Russell Sage Foundation, 2016).

157 Mark R. Lepper, David Greene, and Richard E. Nisbett, "Undermining Children's Intrinsic Interest with Extrinsic Reward: A Test of the 'Overjustification' Hypothesis," Journal of Personality and Social Psychology 28(1) (1973): 129–37, https://psycnet.apa.org/record/1974-10497-001.

158 Daniel H. Pink, Drive: The Surprising Truth about What Motivates Us (New York: Riverhead Books, 2011), 36.

com/2021/06/23/upshot/remote-work-innovation-office.html.

147 Ethan S. Bernstein and Stephen Turban, "The Impact of the 'Open' Workspace on Human Collaboration,"Philosophical Transactions of the Royal Society B, July 2, 2018, https://royalsocietypublishing.org/doi/10.1098/rstb.2017.0239

148 Anne Helen Petersen, Can't Even: How Millennials Became the Burnout Generation (New York: Houghton Mifflin Har- court, 2020), 129.

149 "A Fighter Jet and Friends in Congress: How Google Got Access to a NASA Airfield," Tech Transparency Project, September 9, 2020, https://www.techtransparencyproject.org/articles/fighter-jet-and-friends-congress-how-google-got-access-nasa-airfield.

第 8 章：地位遊戲

150 Warren Buffett, Terry Leadership Speaker Series, Terry College of Business at the University of Georgia, July 18, 2001, YouTube, http://www.youtube.com/watch?v=2a9Lx9J8uSs.

151 "Success Index," Populace/Gallup, 2019, https://static1.squarespace.com/static/59153bc0e6f2e109b2a85cbc/t/5d939cc86670c5214abe4b50/1569955251457/Populace+Success+Index.pdf.

152 David Brooks, "The Moral Bucket List," New York Times, April 11, 2015, https://www.nytimes.

Be," Culture Study, June 1, 2021, https://annehelen.substack.com/p/just-because-your-early-career-was.

167 Luc Pansu, "Evaluation of 'Right to Disconnect' Legislation and Its Impact on Employee's Productivity," International Journal of Management and Applied Research 5(3) (2018): 99–119, https://www.ijmar.org/v5n3/18-008.html.

168 "Japan Offers Most Paid Leave for Fathers in World, but Few Take It," Kyodo News, June 13, 2019, https://english.kyodonews.net/news/2019/06/78563c3875f3-japan-offers-most-paid-leave-for-fathers-in-world-but-few-take-it.html.

169 Dana White, Twitter status, September 6, 2020, https://twitter.com/itsdanawhite/status/1302708081437089792.

170 Anna Helhoski, "How Many Americans Have Student Loan Debt?," NerdWallet, May 20, 2021, https://www.nerdwallet.com/article/loans/student-loans/how-many-americans-have-student-loan-debt.

171 Chuck Marr, Chye-Ching Huang, Arloc Sherman, and Brandon Debot, "EITC and Child Tax Credit Promote Work, Reduce Poverty, and Support Children's Development, Research Finds," Center on Budget and Policy Priorities, October 1, 2015, https://www.cbpp.org/research/federal-tax/eitc-and-child-tax-credit-promote-work-reduce-poverty-and-support-childrens.

172 Emma Wager, Jared Ortaliza, and Cynthia Cox, "How Does Health Spending in the U.S. Compare to Other Countries?," Peterson-KFF Health

159 Grant Edward Donnelly, Tianyi Zheng, Emily Haisley, and Michael I. Norton, "The Amount and Source of Millionaires' Wealth (Moderately) Predicts Their Happiness," Personality and Social Psychology Bulletin 44(5) (May 2018): 684–99, https://www.hbs.edu/faculty/Pages/item.aspx?num=53540.

160 Zach Lowe, "Why the Collapse of the Warriors Feels So Abrupt," ESPN.com, July 2, 2019, https://www.espn.com/nba/story/_/id/27100698/why-collapse-warriors-feels-abrupt.

161 Karen Crouse, "Seeking Answers, Michael Phelps Finds Himself," New York Times, June 24, 2016, https://www.nytimes.com/2016/06/26/sports/olympics/michael-phelps-swimming-rehab.html.

162 Nguyen, "Gamification and Value Capture."

163 "Supercharge Your Productivity," RadReads, https://radreads.co/courses.

第 9 章：工作更少的世界

164 "We Are All Burnt Out," The Cut Podcast, September 1, 2021, https://www.thecut.com/2021/09/the-cut-pod cast-we-are-all-burned-out.html.

165 James Clear, Atomic Habits: Tiny Changes, Remarkable Results: An Easy & Proven Way to Build Good Habits & Break Bad Ones (New York: Avery, 2018), 33.

166 Anne Helen Petersen, "Just Because Your Early Career Was Hell Doesn't Mean Others' Has to

physically-exhausted-by-end-of-workday.aspx.

180 Jim Harter, "U.S. Employee Engagement Data Hold Steady in First Half of 2021," Gallup Workplace, July 29, 2021, https://www.gallup.com/workplace/352949/employee-engagement-holds-steady-first-half-2021.aspx.

181 Aaron De Smet, Bonnie Dowling, Bryan Hancock, and Bill Schaninger, "The Great Attrition Is Making Hiring Harder. Are You Searching the Right Talent Pools?," McKinsey Quarterly, July 13, 2022, https://www.mckinsey.com/business-functions/people-and-organizational-performance/our-insights/the-great-attrition-is-making-hiring-harder-are-you-searching-the-right-talent-pools.

182 Mutikani, "U.S. Labor Market Very Tight, Job Openings Near Record High in January."

183 Eric Garton, "Employee Burnout Is a Problem with the Company, Not the Per- son," Harvard Business Review, April 6, 2017, https://hbr.org/2017/04/employee-burnout-is-a-problem-with-the-company-not-the-person.

184 Cameron Albert-Deitch, "Hard Lessons and Simple Routines Helped These Founders Beat the Stress of 2020," Inc., November 2020, https://www.inc.com/magazine/202011/cameron-albert-deitch/front-mathilde-collin-laurent-perrin-cancer-depression-crisis.html.

185 Mathilde Collin, "How I Took a Week Off Work and Completely Disconnected," Front Page, May 6, 2022, https://front.com/blog/how-i-took-a-week-off-work-and-completely-disconnected.

System Tracker, January 21, 2022, https://www.healthsystemtracker.org/chart-collection/health-spending-u-s-compare-countries-2.

173 https://www.stocktondemonstration.org.

174 "Participant Story: Zohna," https://www.stocktondemonstration.org/participant-stories/zohna.

175 https://www.stocktondemonstration.org

176 Kim Parker and Juliana Menasce Horowitz, "Majority of Workers Who Quit a Job in 2021 Cite Low Pay, No Opportunities for Advancement, Feeling Disrespected," Pew Research Center, March 9, 2022, https://www.pewresearch.org/fact-tank/2022/03/09/majority-of-workers-who-quit-a-job-in-2021-cite-low-pay-no-opportunities-for-advancement-feeling-disrespected.

177 Lucia Mutikani, "U.S. Labor Market Very Tight, Job Openings Near Record High in January," Reuters, March 9, 2022, https://www.reuters.com/world/us/us-job-openings-slip-january-still-close-record-highs-2022-03-09.

178 Andrea Petersen, "Metaphor of Corporate Display: 'You Work, and Then You Die,'" Wall Street Journal, November 8, 1996, https://www.wsj.com/articles/SB847408435479148500.

179 "SHRM Survey: Nearly Half of U.S. Workers Feel Mentally, Physically Exhausted by End of Workday," press release, SHRM, May 4, 2021, https://www.shrm.org/about-shrm/press-room/press-releases/pages/nearly-half-of-us-workers-feel-mentally-

186 Chris Kolmar, "50+ Telling Paid Time Off (PTO) Statistics [2022]: Average PTO in the United States," Zippia, August 18, 2022, https://www.zippia.com/advice/pto-statistics/#:~:text=After%20extensive%20research%2C%20our%20data,days%20of%20PTO%20in%202018.

187 Toni Morrison, "The Work You Do, the Person You Are," New Yorker, May 29, 2017, https://www.newyorker.com/magazine/2017/06/05/the-work-you-do-the-person-you-are.

188 Kurt Vonnegut, Jr., "Joe Heller" (poem), New Yorker, May 16, 2005.

189 Morrison, "The Work You Do, the Person You Are."

後記

190 William Deresiewicz, "Solitude and Leadership," The American Scholar, March 1, 2010, https://theamericanscholar.org/solitude-and-leadership.

191 William Deresiewicz, Excellent Sheep: The Miseducation of the American Elite and the Way to a Meaningful Life (New York: Free Press, 2014), 3.

亞當斯密 032

夠好的工作：
你的工作不代表你，挑戰「夢想工作」的迷思，
找回不以工作為中心的生活方式

The Good Enough Job: Reclaiming Life from Work

作者｜西蒙．史托佐夫（Simone Stolzoff）　譯者｜陳珮榆

堡壘文化有限公司

總編輯｜簡欣彥　副總編輯｜簡伯儒　責任編輯｜倪玼瑜　行銷企劃｜游佳霓

封面設計、內頁構成｜ IAT-HUÂN TIUNN

出版｜堡壘文化有限公司　發行｜遠足文化事業股份有限公司

地址｜ 231 新北市新店區民權路 108-2 號 9 樓　電話｜ 02-22181417　傳真｜ 02-22188057

Email ｜ service@bookrep.com.tw　郵撥帳號｜ 19504465 遠足文化事業股份有限公司

客服專線｜ 0800-221-029　網址｜ http://www.bookrep.com.tw

法律顧問｜華洋法律事務所　蘇文生律師

印製｜呈靖彩藝有限公司　初版 1 刷｜ 2023 年 11 月　定價｜新臺幣 390 元

ISBN ｜ 9786267375242（平裝）／9786267375310（PDF）／9786267375327（EPUB）

國家圖書館出版品預行編目（CIP）資料

夠好的工作：你的工作不代表你，挑戰「夢想工作」的迷思，找回不以工作為中心的生活方式 / 西蒙．史托佐夫（Simone Stolzoff）作；陳珮榆譯．-- 初版．-- 新北市：堡壘文化有限公司出版：遠足文化事業股份有限公司發行，2023.11
面；　公分．--（亞當斯密；32）

譯自：The good enough job : reclaiming life from work
ISBN 978-626-7375-24-2（平裝）

1.CST: 職場 2.CST: 自我肯定 3.CST: 自我實現

177.2
112017413